Anonymous

Schlesiens Grab-Denkmale und Grab-Inschriften

Alphabetisches Register, Chronologisches Register der Graf A. J.

Hoverden'schen Sammlung

Anonymous

Schlesiens Grab-Denkmale und Grab-Inschriften
Alphabetisches Register, Chronologisches Register der Graf A. J. Hoverden'schen Sammlung

ISBN/EAN: 9783744614016

Hergestellt in Europa, USA, Kanada, Australien, Japan

Cover: Foto ©ninafisch / pixelio.de

Weitere Bücher finden Sie auf **www.hansebooks.com**

Schlesiens

Grab-Denkmale und Grab-Inschriften.

Chronologisches Register

der

Graf Hoverden'schen Sammlung.

Band 16—30. Bis zum Jahre 1800.

IV. Heft.

Schlesiens

Grab-Denkmale und Grab-Inschriften.

--

Chronologisches Register

der

Graf Hoverden'schen Sammlung.

Band 16—30. Bis zum Jahre 1800.

--

IV. Heft.

Vorwort.

Die einzelnen Bände der Sammlung sind chronologisch (nach dem Todesjahr) geordnet, und ein jeder mit einem alphabetischen und chronologischen Register versehen. Das Nachschlagen ist daher nach der Jahreszahl leicht zu bewirken.

Denkmale oder Grabschriften der Landesfürsten resp. Herzöge und Bischöfe sind durch fetten Druck markirt, jene, von denen Abbildungen vorhanden, sind mit einem (*) Sternchen bezeichnet.

Bei den Fundorten der Denkmale sind möglichst auch die Kirchen bezeichnet, in welchen sie sich vorfanden; die Kirchen aber, bei denen die betreffende Stadt nicht erwähnt ist, befinden sich sämmtlich in Breslau.

Die Quellen, aus denen zur möglichsten Vollständigkeit der Sammlung geschöpft wurde, sind umstehend verzeichnet. Wo keine angegeben, trat eigene Ermittelung ein.

Endlich ist noch zu bemerken, dass es überflüssig erschien, das chronologische Verzeichniss über das Jahr 1800 auszudehnen, weil die, meist nüchternen Grabsteine des 19. Jahrhunderts sich fast durchgängig auf die Angabe des Geburts- und Todestages des Verstorbenen beschränken, und daher wesentlich des weiteren historischen Interesses ermangeln.

Dem gegenwärtigen Bedürfnisse dürfte das alphabetische Verzeichniss genügen.

IV.

1*

Abkürzungen.	Quellen.
Acta Alterth. d. V.-A.	Acta, Alterthümer, des Fürstbischöflichen Vicariat-Amtes. 3. Voll.
Ezech.	Monumenta et Inscriptiones Silesiae, hinc inde collectae á Christiano Ezechiele, Silesio. Handschrift der Stadt-Bibliothek.
Hl. Kr. K.	Heilige Kreuz-Kirche (Breslau).
Inscr.	Monumenta et Inscriptiones Silesiae. Handschrift der Stadt-Bibliothek.
Knobl.	Knoblich, Chronik v. Lahn. (1863.)
Kunisch.	Kunisch, descr. Vratisl. 1832.
Luchs, F. B.	Luchs, Fürstenbilder, Schlesische des Mittelalters.
Prov. Arch.	Provinzial-Archiv.
Prov. Bl.	Provinzial-Blätter. 1838.
P. P. K.	Peter-Paul-Kirche (in Liegnitz).
Seidl. S.	v. Seidlitz'sche Denkmäler- und Inscriptionen-Sammlung mit zahlreichen Abbildungen. Manuscript der Stadt-Bibliothek, angelegt 1694.
Sinap. Anh.	Sinapius, Anhang.
U. L. F. K.	Unser Lieben Frauen-Kirche (Liegnitz).
s. Bd.	Siehe auch Band.

Zehntes Jahrhundert.

	Band.	Fund-Ort.	Quellen.
965? Nostitz, Joh. v.	22	Lobris, Kr. Jauer.	Ahnensaal.
*990. Adalbertus, Bischof.	24 u. 26	Dom.	Seidl. Samml.

Elftes Jahrhundert.

1026. Nostitz, Dietmannus a. Archiepus Salzburgensis.	22	Lobris, Kreis Jauer.	Ahnensaal.
1062. Hieronimus, Bischof von Breslau.	18	Leubus, Klosterplatz.	Act. Alterth. d. Vicariat-Amtes.
1091. Petrus I., Bischof von Breslau.	18	dito. dito.	dito.

Zwölftes Jahrhundert.

1147. Nostitz, Fridericus a.	22	Lobria, Kr. Jauer.	Ahnensaal.
1160. " Wenceslaus a.	22	dito. dito.	dito.
1162. Johannes II., Bischof von Breslau.	15	Leubus, Grabmal.	Act. Alterth. d. Vicariat-Amtes.
1190. Nostitz, Udalricus a.	25	Lobris, Kreis Jauer.	Ahnensaal.

Dreizehntes Jahrhundert.

1201. Boleslaus der Lange, Herzog.	18	Leubus, Klosterplatz.	Act. Alterth. d. Vic.-Amtes.
1207. Cyprianus, Bischof von	18	dito. Grabmal.	dito.
1232. Laurentius, Bischof von Breslau.	18	dito. dito.	dito.
1238. Heinrich I., Herzog in Schlesien.	18	Bernhardin K.	dito.
1240. Buscwoy, Mertin v., Ritter.	25	Leubus.	Seidl. Samml. p. 180.
— Nostitz, Stanislaus a.	24	Lobris, Kr. Jauer.	Ahnensaal.
1241. Buscwoy, Martin, Ritter.	18	Leubus, Klosterplatz.	Act. Alterth. d. Vic.-Amtes.
— Heinrich II., Herzog, siehe auch Historisches.	19	Vincenz K.	dito.
1246. Ludovicus I., Abt zu Camenz.	21	Camenz, Kloster.	Ezech. p. 901.
1254. Bruno, dergl.	21	dito. dito.	dito.
1259. Guntherus, dergl.	21	dito. dito.	dito.
1266. Henricus III. (Herzog.)	23	Clara K.	Inser. Silev. p. 92.
1271. Mauritius, Abt zu Camenz.	21	Camenz, Kloster.	Ezech. p. 901.
1278. Hedwigis, Tochter Heinrich II., zweite Aebtissin.	23	Clara K.	Inser. p. 91 b.
— Ludovicus II., Abt zu Camenz.	21	Camenz, Kloster.	Ezech. p. 901.
1283. Conradus I., dergl.	21	dito. dito.	" p. 902.
*1284. Nostitz, Hedwigis v., Ritter zu Domitsch.	17	Steinau a/O.	
1285. Waldaw, Simon de Marschaw.	22	Dom.	Inser. p. 37 b.
1287. Nostitz, Henricus a.	24	Lobris, Kr. Jauer.	Ahnensaal.
1290. Heinrich IV., Herzog in Schlesien und Polen.	18	Kreuzkirche.	Lorha, Fürstenbilder.
* — Mathildis von Brandenburg.	18	dito.	dito.
1291. Lambertus, Abt zu Camenz.	21	Camenz, Kloster.	Ezech. p. 902.
1293. Nostitz, Christophorus de.	22	Lobris, Kr. Jauer.	Ahnensaal.
1295. Reginbaldus, Abt zu Camenz.	21	Camenz, Kloster.	Ezech. p. 902.
1296. Henricus V., Herz. in Schlesien, Breslau, Liegnitz.	23	Clara K.	Inser. p. 92.
— Beatrix, Prinzess von Brandenburg.	23	dito.	dito.
1298. Nostitz, Hertvicus de.	22	Lobris, Kreis Jauer.	Ahnensaal.
1300. Elisabeth, Gemahlin Heinrich V.	23	Clara K.	Inser. p. 92.

Vierzehntes Jahrhundert.

	Band.	Fund-Ort.	Quellen.
1301. Johannes III., Bischof von Breslau.	21	Dom.	
1304. Conrad von Steinau.	18	Leubus, Klosterplatz.	Act. Alterth. d. Vic.-Amtes.
— Otto, Abt zu Camenz.	21	Camenz, Kloster.	Ezech. p. 902.
1306. Nustitz, Otto á.	26	Lobris, Kr. Jauer.	Ahnensaal.
1309. Heinrich III. v. Glogau u. Töchter Agnes u. Salome.	18	Leubus, Klosterplatz.	Act. Alterth. d. Vic.-Amtes.
1311. Godefridus, Abt zu Camenz.	21	Camenz, Kloster.	Ezech. p. 902.
1317. Paulus, dergl.	21	dito. dito.	• p. 902.
1318. Hedwig, 3. Aebtissin, Tochter Conrads v. Glogau.	23	Clara K.	Inscr. p. 91b.
— Jutta, 4. Aebt., Tochter Primislaus, Herz. in Polen.	23	dito.	dito.
1319. Henricus, Bischof von Breslau.	21	Dom.	
— Nicolaus 1., Abt zu Camenz.	21	Camenz, Kloster.	Ezech. p. 902.
1321. Bernard, Herzog v. Schweidnitz-Jauer.	23	Grüssau.	Inscr. p. 357.
1325. Henricus, Abt zu Camenz.	21	Camenz, Kloster.	Ezech. p. 902.
1328. Elisabeth, Tocht. Heinr. VI., Gem. Conrad's v. Oels.	23	Clara K.	Inscr. p. 92.
1331. Conradus II., Abt zu Camenz.	21	Camenz, Kloster.	Ezech. p. 902.
— Praemislaus, von Glogau.	18	Leubus, Klosterplatz.	Act. Alterth. d. Vic.-Amtes.
1332. Waldaw, Heintze de Marschaw.	22	Dom.	Inscr. p. 38.
1334. Marschau, Wals de, Scholasticus.	22	dito.	dito.
1335. Heinrich VI., Herzog in Schlesien, Breslau.	23	Clara K.	Inscr. p. 90.
1336. Bernhard, Herzog von Schweidnitz.	20	Schweidnitz, hl. Kreuz K.	Ezech. p. 53.
1337. Theodoricus, Abt zu Camenz.	21	Camenz, Kloster.	Ezech. p. 902.
1338. Thylo, dergl.	21	dito. dito.	dito.
1343. Masschau, Joh. Canon.	22	Dom.	Inscr. p. 38.
1345. Stephanus, Epus Lubucensis.	21	dito.	
1352. Boleslaus III. v. Brieg.	18	Leubus, Klosterplatz.	Act. Alterth. d. Vic.-Amtes.
— Sighardus, Abt zu Camenz.	21	Camenz, Kloster.	Ezech. p. 903.
1355. Kuhrn, Lutko de Canon.	22	Dom.	Inscr. p. 40.
1360. Arnestus, Archi Epus I., Pragensis.	23	Glatz, Pfarr K.	• p. 292.
1362. Steinkelr, Cath. und Tochter Clara.	23	St. Vincenz.	• p. 77.
1365. Johannes Epus.	20	Schweidnitz, Mar. virg. K.	Ezech. p. 42.
1367. Bruno, Andr. de, Castellan Calisvensis.	22	Alberti K.	Inscr. p. 72b.
1368. Bolko II., Herzog in Schweidnitz etc.	20	Schweidnitz.	Ezech. p. 71.
— Coloni, Jodocus, Prior.	20	hl. Kreuz K.	• p. 54.
1369. Heinrich V., Herzog von Sagan.	19	Sagan, Pfarr K.	Act. Alterth. d. Vic.-Amtes.
1371. Ruffi, Jacobus, Prior.	20	Schweidnitz, hl. Kreuz K.	Ezech. p. 54.
1373. Andreas, Abt zu Camenz.	21	Camenz, Kloster.	• p. 903.
*1376. Preeslaus v. Pogarella, Bischof von Breslau.	18	Dom.	Lucha Fürstenbilder.
* — Derselbe.	18	dito.	dito.
1378. Carl IV., Kaiser.	20	Schweidnitz, hl. Kreuz K.	Ezech. p. 71.
— Margaretha, 5. Aebtiss., Tochter Heinrich VI.	23	Clara K.	Inscr. p. 92.
1379. Henricus.	22	Dom.	• p. 53.
— Schonweber, Peter.	21	Striegau, Pfarr K.	Ezech. p. 297.
1386. Johannes, Notarius.	21	dito. dito.	dito.
*1392. Agnes, Herzogin von Schweidnitz.	19	Schweidnitz, U. L. F. K.	Seidl. Samml.
— Petrus, Abt zu Camenz.	21	Camenz, Kloster.	Ezech. p. 903.
1393. Henricus, Herzog v. Liegnitz, Bischof v. Leslau.	24	Dom.	Seidl. Samml. p. 131.
1396. Kamlus, Zelichius, Canon. Vratisl.	21	dito.	Inscr. p. 26.
1398. Dirslaus, Epus Cleuronsis, Dominikaner.	22	Alberti K.	• p. 72b.
1399. Nympta, Hans v. Heisdo (Helwigsdorf).	26		
1400. Stopler, Georg, Rathschreiber. Ermordet.	21	Dom.	Inscr. p. 6.

Fünfzehntes Jahrhundert.

	Band.	Fund-Ort.	Quellen.
*1400. Conrad II., Herzog von Oels.	26	Trebnitz.	Seidl. Samml. p. 164.
— Spiller, ······ auf Matzdorf.	2~	Wünchendorf, Kr. Löwenberg.	
1410. Seidenberger, Jeronymus, Canon.	22	Kreuz K.	Inser. p. 55 b.
1412. Falckenberg, Hedw. de, 9. Aebtissin.	23	Clara K.	· p. 92 b.
— Ziptke auf Rosenthal.	22	Alberti K.	· p. 72 b.
1420. Catharina, Herz. in Schles., Freistadt u. Grünberg.	25	Glogau.	Seidl. Samml. p. 1545.
1421. Johannes L., Abt zu Camenz.	21	Camenz, Kloster.	Ezech. p. 903.
1422. Nicolaus II., dergl.	21	dito. dito.	dito.
1424. Fey, Alexius, Canon.	22	Kreuz K.	Inser. p. 62 b.
1426. Nicolaus III., Abt zu Camenz.	21	Camenz, Kloster.	Ezech. p. 903.
1427. Lichtenberg, Joh., Altarista.	22	Dom.	Inser. p. 39 h.
1430. Fellen, Dominicus, Canon.	22	dito.	· p. 34 b.
— Margaretha, Herzogin in Schlesien, Glogau.	25	Glogau.	Seidl. Samml. p. 184 b.
— Theodoricus de Praga, Praep. eccl.	22	Kreuz K.	Inser. p. 48.
— · Derselbe.	25	dito.	Seidl. Samml. p. 67.
1432. Corner, Jac. und Frau Margaretha.	23	Nicolai K.	Inser. p. 101.
1433. Reichandina formosa, 13. Aebtissin.	23	Clara K.	· p. 92 b.
— Sigismundus, römischer Kaiser.	24	Schweidnitz.	Schll. Samml. p. 159.
1434. Bernwald, Cordula.	19	Pfarr K.	Ezechiel I. p. 3.
— Csech, Tilman.	23	Magd. K.	Inser. p. 145.
— Hannig, Joh. de, Dr. med., Physikus.	23	dito.	· p. 135.
— Prusnitz, Joh., Mansionarius.	21	Dom.	· p. 29 h.
1435. Paulus, Abt zu Grüssau.	20	Schweidnitz, Mar. K.	Ezech. p. 43.
— Weinrich, Gregor, Procur. Consistorii.	21	Dom.	Inser. p. 30.
1437. Karner, Joh.	22	dito.	· 30 b.
1439. Christophorus L, Abt zu Camenz.	21	Camenz, Kloster.	Ezech. p. 903.
1443. Nicolaus IV., dergl.	21	dito. dito.	· p. 904.
1446. Hufnagel, Joh., Dr. med., Canon.	23	Magd. K.	Inser. p. 135.
— Korow, Henricus, Custos Canon.	22	Dom.	· p. 37 b.
— Laurent., auf Beringswaldau.	22	dito.	dito.
1447. Jacobus I., Abt zu Camenz.	21	Camenz, Kloster.	Ezech. p. 904.
1448. Hans L. von Sagan Gemahlin.	19	Sagan, Pfarr K.	Act. Altersth. d. Vicar.-Amtes.
1449. Hedwig, Wittwe Herzogs Bolko von Oppeln.	23	Alberti K.	Inser. p. 75.
— Poplav, Caspar.	25	Magd. K.	Seidl. Samml. p. 96.
1451. Degenberg, Sifridus, Canon. art. et med. Dr.	22	Kreuz K.	Inser. p. 57 b.
— Johannes II., Abt zu Camenz.	21	Camenz, Kloster.	Ezech. p. 904.
1453. Nicolaus V., dergl.	21	dito. dito. ·	dito.
— Nostitz, Casparus 4.	22	Lobris, Kr. Jauer.	Abzeichen.
— Venediger, Paulus.	24	Magd. K.	Seidl. Samml. p. 105 b.
1455. Nostitz, Casparus de.	24	Lobris, Kr. Jauer.	Abzeichen.
— Nadelitzin, Cath., 14. Aebtissin.	23	Clara K.	Inser. p. 92 b.
1457. Bludau, Joh. de.	22	Kreuz K.	· p. 57 b.
— Ladislaus, König von Böhmen. Ermordet.	21	Dom.	· p. 2.
1459. Bernwald, Johannes.	19	Schweidnitz, Pfarr K.	Ezech. I. p. 3.
1460. Pfoertner, Jeronimus.	19	dito. dito.	dito.
*1460? Tzeidlitz, Henr.	29	Buchwald.	
1461. Gleiwitz, Paulus, lic. theol. Canon.	22	Dom.	Inser. p. 39 b.
— Nicolaus VI., Abt zu Camenz.	21	Camenz, Kloster.	Ezech. p. 901.
1464. Saulrum, Joh.	23	Striegau, Pfarr K.	Inser. p. 379.
— Waltersdorf, Valerianus.	22	Dom.	Inser. p. 40 b.
1465. Gerotwol, Stephan, pleb., an der Pest gestorben.	22	Frankenstein, Pfarr K.	Ezech. p. 868.
1467. Jodocus, Epus Vratisl.	21	Dom-Chor.	
— Nostitz, Casp. b. a. d. h. Tschocha.	22	Lobris, Kr. Jauer.	Abzeichen.
1468. Nicolaus VII., Abt zu Camenz.	21	Camenz, Kloster.	Ezech. p. 904.

	Band.	Fund-Ort.	Quelle.
1469. Aleize, Sigm., Canon. Archidiac. lic. theol.	21	Dom.	Inscr. p. 26.
1470. Schwentken, Mart., Altarista.	22	dito.	• p. 44 b.
1471. Hegenwald, Benedict, Vicar.	22	dito.	• p. 40.
1472. Haas, Herzog v. Priebus.	18	Hartmannsdorf, Kr. Sagan.	Act. Alterth. d. Vicar.-Amts.
— Nostitz, Siegismundus A.	22	Lobris, Kr. Sagan.	Ahnensaal.
— Schalle, Barb., 15. Aebtissin.	23	Clara K.	Inscr. p. 92 b.
1473. Sroda, Andr., Canon.	22	Dom.	• p. 44.
1474. Duster, Joh., Canon. lic. theol.	21	dito.	• p. 26 b.
— Thomas, Abt zu Camenz.	21	Camenz, Kloster.	Ezech. p. 904.
1478. Heintze, Gregor, Mag. theol.	23	Alberti K.	Inscr. p. 72.
1479. Erasmus, Abt zu Camenz.	21	Camenz, Kloster.	Ezech. p. 904.
1480. Banck, Martinus.	23	Magd. K.	Inscr. p. 144 b.
— Danke, Martin.	23	dito.	• p. 145.
1481. Korta, Mart., art. und med. Dr.	23	dito.	• p. 135.
— Nebenitz, Joh., Praecentor.	21	Striegau, Pfarr K.	Ezech. p. 297.
1482. Trommendorf, Nicolaus.	19	Schweidnitz, Pfarr K.	• L p. 3.
1483. Eberhard, Hedwig und 2 Kinder.	20	• Nicol. K.	• p. 59.
— Opitz, Marcus.	19	• Pfarr K.	• L p. 4.
— Turtzinger, Henr., Canon.	22	Kreuz K.	Inscr. p. 56 b.
— Wanck, Martin und Frau Dorothea.	23	Glatz, Pfarr K.	• p. 292 b.
1484. Primislaus, Herzog v. Tost.	23	Clara K.	• p. 90 b.
— Sthenus, Georg, Besitigt.	18	Brieg, Schlosskirche.	Kunisch, descr. Vratisl. 1532
— Sthenus, Georgius.	19	• Pfarr K.	Ezech. L p. 449.
1485. Hittel, Wigand., Mag. art. Dr. med.	23	Alberti K.	Inscr. p. 75.
1487. Jaenkwitz, Agnes.	19	Schweidnitz, Pfarr K.	Ezech. L p. 4.
— Quol, Georg, Mansionarius.	20	• Nicol. K.	• p. 59.
— Redern, Martinus de.	18	Probsthain, Kr. Goldberg.	
1488. Banck, Frau Hedwig.	23	Magd. K.	Inscr. p. 144 b.
— Danke, Hedwig, geb. Tillmann.	23	dito.	• p. 145.
— Genckwitz, Petrus und Frau Apollonia.	23	Elisabeth K.	• p. 107 b.
— Moute, Joh., Comes de.	21	Dom.	• p. 26.
— Nostitz, Caspar u. a. d. H. Tschocke.	25	Lobris, Kr. Jauer.	Ahnensaal.
1489. Fregosius, Aug., Bürger v. Genua. Juvelier.	23	Barbara K.	Inscr. p. 163.
— Pritwicz, Heinze Reimnitz v.	19	Neisse, St. Jacob. Kapelle.	Act. Alterth. d. Vicar.-Amts.
— Rinkenberg, Martin, Abt.	19	Sagan, Pfarr K.	dito.
1490. Bothmann, Joh., Schulrektor.	23	Waldau.	Inscr. p. 233.
— Gora, Bened. de Vicar, Procurator Consistorii.	22	Dom.	• p. 36.
— Heilsberg, Joh., Canon.	21	dito.	• p. 26 b.
— Rymer, Hans.	21	Striegau, Pfarr K.	Ezech. p. 297.
1492. Heinrieus, junior, Herzog v. Münsterberg-Glatz.	23	Glatz, Pfarr K.	Inscr. p. 299.
— Raymer, Barb. geb. Hansin.	23	Striegau, Pfarr K.	• p. 379 b.
1494. De Monte, Johannes.	19	Schweidnitz, Pfarr K.	Ezech. L p. 4
— Hertil, Joh., Priester.	22	Frankenstein, dito.	• p. 568.
— Reynold, Dorothea.	23	Striegau, dito.	Inscr. p. 379 b.
— Swobsdorf, Absolon.	20	Malkwitz, Kr. Breslau.	
1495. Nuelhaym, Rosa.	17	Laasan, Kr. Striegau.	
— Nostitz, Caspar de.	25	Lobris, Kreis Jauer.	Ahnensaal.
— Schnrider, Jac., Küm.	23	Magd. K.	Inscr. p. 144 b.
1496. Bernwald, Johannes.	19	Schweidnitz, Pfarr K.	Ezech. L p. 5
— Brieger, Nic., Canon. Dr. theol.	22	Dom.	Inscr. p. 36.
— Freiberg, Georgius, Canon.	22	dito.	• p. 33.
— Helentreuter, Gregorius, Mansionarius.	22	dito. (Kreuzkirche.)	• p. 27 b.
— Marienam, Caspar, Archidiaconus.	22	dito.	• p. 35.
— Schober, Joh., Canon., Dr. theol.	21	dito.	• p. 37.
— Schwob, Joh., Canon.	21	dito.	• p. 5.
— Stopler, Matth. plebanus.	21	Frankenstein, Pfarr K.	Ezech. p. 865.

	Band. Fund-Ort.	Quellen.
1497. Eckner, Jacobus.	19 Schweidnitz. Pfarr K.	Ezech. I. p. 5.
— Pförtner, Balthasar.	19 · dito.	dito.
1498. Nostitz, Fridericus.	23 Lobris, Kr. Jauer.	Ahnensaal.
1499. Lazar, Petrus.	19 Schweidnitz. Pfarr K.	Ezech. I. p. 6.
1499. Maresch, Mart. v. Crommenau, Canon. offic.	21 Dom.	Inser. p. 51.
— Poplau, Casp.	23 Magd. K.	· p. 135 b.
— Prethewitz, Joh., Vicar.	22 Dom.	· p. 40 b.
1500. Hemmerdey, Heinr. v.	24 Elisab. K.	Seidl. Samml. p. 23 b.
— Lybetall, Anna, geb. ·····	16 Peterwitz, Kr. Schweidnitz.	
— Reynold, Andreas.	23 Striegau, Pfarr K.	Inser. p. 379 b.

Sechzehntes Jahrhundert.

	Band. Fund-Ort.	Quellen.
1501. Gellhorn, Hans v., zu Schwentnick.	24 Sand Kirche.	Seidl. Samml. p. 126 b.
— Nostitz, Balth. d.	25 Lobris, Kr. Jauer.	Ahnensaal.
— Paulsdorf, Mart., Vic. Vicedecanus.	22 Dom.	Inser. p. 36.
— Spiller, Kunze v. Matzdorf.	18 Kl. Röhrsdorf, Kr. Löwenberg.	Art. Alterth. d. Vicar.-Amts.
1502. Franckfordius, Petrus.	23 Elisab. K.	Inser. p. 105.
— Maurer, Dom. Erasmus, Prediger.	23 dito.	dito.
1503. Startedelin, Elis., geb. Kronenberg.	24 dito.	Seidl. Samml. p. 126 b.
1504. Birek, Christophor., Canon., Dr. theol.	21 Dom.	Inser. p. 7 b.
— Grossinger, Sigm., Canon.	21 dito.	· p. 8.
— Praedecz, Math., Probst in Czarnowanz.	23 Vincenz K.	· p. 77.
— Stange, Hel. geb. Nimtschin.	29 Stonsdorf.	
1505. Beier, Mart., Pharmaceut.	23 Magd. K.	Inser. p. 135 b.
— Hantsch, Vinc., Canon. in Neisse, Altarist.	23 Elisab. K.	· p. 109.
*1506. Eisenreich, Lucas.	26 dito.	Seidl. Samml. p. 15.
— Jacobus II., Abt zu Cameuz.	21 Camenz. Kloster.	Ezech. p. 905.
* — Nostitz, Sigm. v. Ermordet.	27 Hohen Poseritz.	
* — Steger, Hans, Beidenhefler.	27 Dom.	
— Unverricht, Jac., baccalaureus.	19 Schweidnitz, Pfarr K.	Siehe auch Bd. I und VI.
1507. Catharina, Klarenjungfrau, Schwester Johanns von Oppeln.	23 Clara K.	Ezech. I. p. 6.
— Elisabeth, Aebtiss., Schwester Johanns v. Oppeln.	23 Clara K.	Inser. p. 9 b.
— Emerich, Georg.	18 Görlitz, hl. Grab K.	Inser. p. 9 b.
— Haugwitz, Paulus a. Abt.	25 Sagan.	
— Reimann, Joh., J. U. D. Kanzler.	22 Löwenberg. Pfarr K.	Seidl. Samml. p 183 b.
1508. Bernwald, Staanisl., Pfarrer zu Schweidnitz.	18 Pfarrkirche daselbst.	Ezech. p. 227.
— Krause, Joachim's Töchterlein.	24 Löwenberg. Kloster K.	
* — Pauwitz, Frau Anna.	17 Hausdorf bei Hohenfriedeberg.	
* — Sehof, Hans?	23 Schildau.	
1510. Cibulka, Wenceslaus.	20 Oppeln.	
— Kueheler, Gregor. plebanus.	23 St. Johannis K.	Inser. p. 264 b.
1511. Fersius, Joh.	22 Dom.	· p. 35.
— Lindener, Dr. med. Nicolaus.	23 Barbara K.	· p. 163 b.
— Seultetus, Hier. Vicar.	22 Kreuz K.	· p. 43 b.
1512. Boegk, Jorge.	22 Lobris, Kr. Jauer.	
— Chätner, Joh., plebanus.	21 Striegau, Pfarr K.	Ezech. p. 298.
— Rhuel, Blasius, Canon.	22 Kreuz K.	Inser. p. 49 b.
— Sohes, Martinus, Sakristan.	24 Dom	Seidl. Samml. p. 72 b.
1513. Bese, Mathias.	23 Bunzlau, Pfarr K.	Inser. p. 365.
— Nymtsch, Christoff v. Steffanshain.	16 Stephanshain, Kr. Schweidnitz.	
1514. Knobelsdorf, Balth. v., auf Herbesdorf.	19 Hirschfeldau, Kr. Sagan.	Agt. Alterth. d. Vicar.-Amts.
— Phoel, Barth., Guardian.	20 Schweidnitz, Mar. K.	Ezech. p. 43.
— Honau, Casp. v., Kanzler und Frau.	21 Frankenstein, Pfarr K.	· p. 885.
— · Barb. geb. v. Berge. gest. 1552.	21 dito. dito.	dito.
— Horaw, Casp. u. Frau.	22 dito. dito.	Ezech. p. 869.

	Band.	Fund-Ort.	Quellen.
1514. Roraw, Barb. geb. v. Berge, gest. 1552.	22	Frankenstein, Pfarr K.	Ezech. p. 869.
1515. Henricus probus, Herzog von Breslau.	25	Kreuz K.	Seidl. Samml. p. 87.
— Milde, Nicolaus, Kloster-Procurator.	20	Schweidnitz, Mar. K.	Ezech. p. 43.
— Noskewitz, Andr. de Sommerfeld, Vicar.	22	Dom.	Inscr. p. 35 b.
— Unverricht, Nicolaus.	19	Schweidnitz, Pfarr K.	Ezech. l. p. 7.
— Wolkowar, Andr. de Sommerfeld, Vicar.	24	Dom.	Seidl. Samml. p. 63 b.
1516. Opitz, Marcus.	20	Schweidnitz, Set. Anna K.	Ezech. p. 6366.
*1517. Colo de Gubin, Apicius.	27	Dom.	Siehe auch Bd. III.
— Kolben, Matth., Canon. prof. theol.	21	dito.	Inscr. p. 10.
— Seidlitz, Georg v., Kind.	19	Bertholsdorf, Kr. Reichenbach.	Act. Alterth. d. Vicar.-Amts.
—) , von.	19	Schmellwitz, Kr. Schweidnitz.	dito.
—) , Georg v., Landeshauptmann, gest. 1557.	19	dito.	dito.
1518. Dohna, Heinr., Burggraf.	19	Hertwigswalde, Kr. Sagan.	dito.
— Hedemann, Aug., Pastor.	21	Frankenstein, Pfarr K.	Ezech. p. 568.
— Kindelmann, Vinc., Canon.	22	Dom.	Inscr. p. 36.
— Schilling, Joh. U. J. D., Canon.	22	dito.	, p. 41.
*1519. Kreiselwitz, Jorge.	21	Zieserwitz.	
* — Seidlitz, Hedw. Hel. v., geb. v. Debschütz.	26	Liebenau.	
1520. Küchler, Mathäus, Altarist.	23	Magd K.	Inscr. p. 136.
— Nostitz, Georgius a.	25	Lobris, Kr. Jauer.	Ahnensaal.
*1520? Schomberg, ... Anna, Frau.	29	Schildau.	
1521. Bergel, Balthazar, Altarist.	23	Elisab. K.	Inscr. p. 109 b.
— Georgina, Herzog v. Brieg.	23	Clara K.	, p. 90 b.
— Jenckwitz, Petrus, Canon.	22	Dom.	, p. 36.
— Jon, Peter, Canon.	21	dito.	, p. 10 b.
— Mornberg, Hier., Canon.	21	dito.	, p. 10.
* — Seidlitz, Nickel vom Forsten.	21	Fürstenau.	
— Simon I., Abt von Camenz.	21	Camenz, Kloster.	Ezech. p. 905.
— Valentin, Herzog v. Ratibor.	23	Clara K.	Inscr. p. 91.
— Wenceslaus, Sohn Herzogs Casimir.	23	dito.	, p. 91.
1522. Freudenreich, Matth., Stadtschreiber.	20	Brieg, Pfarr K.	Ezech. p. 449.
— Kittel, Joh., Canon.	21	Dom.	Inscr. p. 27.
1524. Thiergart, Vincent.	21	Striegau, Pfarr K.	Ezech. p. 298.
1525. Giersdorf, Elis., geb. Rabin.	18	Hartmannsdorf, Kr. Sagan.	Act. Alterth. d. Vicar.-Amts.
— Monau, Paul, Cons. reipubl.	19	Schweidnitz, Pfarr K.	Ezech. l. p. 7.
1526. Berthold, Gregor, Mansionarius.	20	, Anna K.	, p. 66.
* — Karckreiter, Peter v.	17	Winzig.	
1527. Hallwill, Jo. Rud. de, Canon.	25		Seidl. Samml. p. 190 b.
— Rungius, Franc.	23	Bernhardin K.	Inscr. p. 158.
— Scholtz, Jac. und Frau Dorothea, gest. 1559.	23	Brieg.	, p. 418.
1528. Casimir, Herzog in Teschen.	23	Clara K.	, p. 91.
— Redern, Wilh. v., d. ältere auf Nd. Pilgramsdorf.	29	Pilgramsdorf, Kr. Hainau.	
— Starzedel, Hans.	24	Elisab. K.	Seidl. Samml. p. 126 b.
1529. Nicolaus VIII., Abt zu Camenz.	21	Camenz, Kloster.	Ezech. p. 905.
1530. Nadus, Petrus, Dr. theol.	23	Bernhardin.	Inscr. p. 160.
— Schoenfeld, Christophor., Arzt.	23	Magd. K.	, p. 136 b.
— Seldlitz, Ernst Balth. v., zu Nicolsdorf.	18	Hohen Giersdorf, Kr. Grottkau.	Act. Alterth. d. Vicar.-Amtes.
* — , Caspar zur Struse.	20	Pohlsdorf.	
1531. Grund, Gregor, Senator.	23	Elisabet K.	Inscr. p. 109 b.
— Weidenbach, Gregor, Canon. u. Pfarrer.	23	Trebnitz.	, p. 266.
1532. Hornigk, Petrus, licent. theol.	24	Dom.	Seidl. Samml. p. 131 b.
— Johannes, Herzog von Oppeln.	19	Oppeln, Pfarr K.	Act. Alterth. d. Vicar.-Amtes.
— , Herzog in Schlesien, Oppeln, Glogau, Ratibor.	25	. . . .	Seidl. Samml. p. 197.
— , letzter Herzog von Oppeln.	29	Oppeln.	
*1533. Kittlitz, Anders v., von Gnieguitz.	29	Rudolstadt.	

	Band.	Fund-Ort.	Quellen.
1533. Kurtzbach, Frhr. Sigm. v., in Militsch, Trachenberg. Praussitz.	25	Praussitz.	Seidl. Samml. p. 186.
— Scultetus, Georg.	20	Schweidnitz, Mar. K.	Ezech. p. 44.
1534. Heide, Ambros. u. Franciscus, Vater und Sohn.	19	· Pfarr K.	· L. p. 3.
— Pfoertner, Adam.	19	· dito.	dito.
— Reichenbach, Heinr., Kind.	21	Quickendorf.	Ezech. p. 999.
— Rhon, Georgius ab Hundorf.	25	Elisab. K.	Inser. p. 109 b.
1535. Kiesewetter, Georg, Altarist et procur. eccl.	23	dito.	· p. 110.
1536. Bernhard, Georg, Senator.	31	Frankenstein, Pfarr K.	Ezech. p. 870.
— Buswoy, Franetz auf rynnersdorf.	27	Gr. Reinersdorf, Kr. Lüben.	
— Carl, Herzog von Münsterberg, Oels und	19	Frankenstein, Pfarr K.	Act. Alterth. d. Vicar.-Amts.
— Anna, seine Gemahlin, gest. 1541.	19	dito. dito.	dito.
— Cimmermann, Laur., Vicar.	22	Kreuz K.	Inser. p. 50.
— Kuchamer, Ant., Vicar.	23	dito.	· p. 55b.
— Treiber, Andr., Schulrector.	23	Hirschberg.	· p. 374.
— Tschechwitz, Georg auss dem Reindoerffel.	21	Münsterberg, Pfarr K.	Ezech. p. 865.
1537. Heide, Georg v. d., auf Gros Elgot.	25	. . . .	Seidl. Samml. p. 190 b.
— Kiesewetter, Frau Barbara.	23	Striegau, Pfarr K.	Inser. p. 380.
— Pogrell, Marg. v. Lampersdorf.	21	Lampersdorf.	Ezech. p. 1019.
— Scheurl, Christopher.	23	Elisab. K.	Inser. p. 120.
— Schoeps, Caspar.	19	Schweidnitz, Pfarr K.	Ezech. I. p. 3.
1538. Hortensius, Christopher., J. U. D., Canon.	22	Dom.	Inser. p. 32.
— Necherus, Balth.	22	Kreuz K.	· p. 50.
— Nimptsch, Frdr. von Pitterwitz.	25	. . . .	Seidl. Samml. p. 197 b.
— Oppersdorf, Wilh. und seine Frau.	19	Brieg, Pfarr K.	Ezech. I. p. 452.
— · Anna, gest. 1583.	19	dito.	dito.
— Panwitz, Hansv. u. Machnitz auf Pogrelu. Neudeck.	22	Münsterberg. Pfarr K.	Ezech. p. 863.
— Potschel, Laurt., lic. jur., Canon.	24	Dom.	Seidl. Samml. p. 62 b.
1539. Gerlach, Hel., geb. Heide.	19	Schweidnitz, Pfarr K.	Ezech. I. p. 9.
— Goldschmid, Stanisl.	23	Magd. K.	Inser. p. 186 b.
— Promnitz, Balth. v., Bischof von Breslau.	25	Sorau.	Seidl. Samml. p. 184.
— Salza, Jac. de, Bischof von Breslau.	24	Kreuz K.	· p. 134 b.
— Usler, Simon.	20	Schweidnitz, Mar. K.	Ezech. p. 44.
*1540. Haunold, Anna, geb. Khurin.	23	Brese.	
— Mohle, Frdr. v. Muelredlitz auf Dromsdorf u. Frau.	27	Mühlrädlitz, Kr. Lüben.	
— · Ludermilla, geb. Schkuppin.	27	dito.	
— Nimptsch, Dipprant zu Steffenshau.	16	Stephanshain, Kr. Schweidnitz.	
— Tzedlitz, Hans v.	19	Weizenrodau, dito.	Act. Alterth. d. Vicar.-Amts.
— Weidner, Nic., Cantor.	22	Kreuz K.	Inser. p. 50 b.
1541. Geisler, Christof.	30	Steinsdorf, Kr. Hainau.	
— Lange, Melch., Pastor.	21	Münsterberg, Pfarr K.	Ezech. p. 856.
— Nostitz, Assmann a.	25	Lobris, Kr. Jauer.	Ahnensaal.
— Bachkirch, Nic., Priester.	20	Schweidnitz, Pfarr K.	Ezech. p. 29.
— Seidlitz und Kratzkau auf Steupichen.	18	Schmellwitz, Kr. Schweidnitz.	
* — · und Craczkau, II., auf Steupichen.	22	Schweidnitz.	
1542. Berut, Simon, Pastor, a. d. Pest gest. und Frau	19	Brieg, Pfarr K.	Ezech. I. p. 427.
— · Hedwig, gestorben 1599.	19	dito.	dito.
— Clogler, Franz. a Jauernitz, Canon.	22	Dom.	Inser. p. 23.
— · Franz., derselbe.	22	dito.	dito.
— Huber, ungenannter Sohn des Dr. Sebaldus.	19	Schweidnitz, Pfarr K.	Ezech. I. p. 9.
— Jenckwitz.	24	Elisab. K.	Seidl. Samml. p. 141.
— Nostitz.	24	Lobris, Kr. Jauer.	Ahnensaal.
— Sauermann, Albert, Senator.	23	Elisab. K.	Inser. p. 190 b.
— Sauermann, Alb., Senior Capituli.	25	. . . .	Seidl. Samml. p. 197 b.
— Thurzo, Johannes, Bischof von Breslau.	25	. . . .	· p. 184.
1543. Auches, Matthias, Physikus.	23	Magd. K.	Inser. p. 136 b.

2*

	Band.	Fund-Ort.	Quellen.
1543. Gut, Barb., geb. Reibnitzin v. Adelsbach.	20	Damsdorf, Kr. Striegau.	
— Knobelsdorf, Hans v.	19	Hirschfeldau, Kr. Sagan.	
* — Tschirnhaus, Jorg v. Polkau auf Nd. Baumgart.	16	Baumgarten.	Act. Alterth. d. Vicar.-Amts.
1544. Gressel, Leonh., Canon.	22	Kreuz K.	Inscr. p. 51.
— Knobelsdorf, Franz v.	19	Hirschfeldau, Kr. Sagan.	Act. Alterth. d. Vicar.-Amts.
— Moll, Marg. v., geb. Lossin, Frau des Nickel v. Moll.	27	Mühlrädlitz, Kr. Löben.	
— Rumbold, Joh., Canon.	22	Dom.	Inscr. p. 34b.
* — Simon, Abt zu Sagan.	16	Sagan.	
— Simon, Abt.	19	dito.	
1545. Mehl, Balth., Senator.	23	Elisab. K.	Inscr. p. 110b.
— Nostitz, Casparus a.	25	Lobris, Kr. Jauer.	Ahnensaal.
— Sackirche, Heim. v.	18	Nieder-Hertwigswaldau.	Act. Alterth. d. Vicar.-Amts.
1546. Bock, Ritter Hans von Lobris.	19	Gütmannsdorf, Kr. Reichenbach.	dito.
— Geisler, Agnes, geb. Kotwiesl.	30	Steinsdorf, Kr. Hainau.	
— Holtz, Tilemann, — Hedwig und Magdalena.	23	Elisab. K.	Inscr. p. 110b.
— Johann auf Halbendorf, Custos eccl.	27	Oppeln in der Kirche.	
1547. Bucher, Sigm., Senator.	23	Elisab. K.	Inscr. p. 110b.
— Cochlicarus, Johannes.	18	Lubetzko, Kr. Lublinitz.	Act. Alterth. d. Vicar.-Amts.
— Jonas, Joachim.	20	Jauer, Pfarr K.	Ezech. p. 145.
— Nostitz, Udalricus a.	25	Lobris, Kr. Jauer.	Ahnensaal.
* — Schkopp, Anna, geb. Kittlitz auf Koszenau.	16	Heinzendorf bei Polkwitz.	
— Schultzti, Casp., Pastor.	23	Waldau.	Inscr. p. 232.
— Seulteti, Joh., Guardian.	20	Schweidnitz, Mar. K.	Ezech. p. 44.
— Eysfart, Joh., Prokurator, gest. 1551.	20	dito.	dito.
1548. Birekenbau, Georg. Indimagister.	23	Magd. K.	Inscr. p. 137.
— Blach, Joh., Architekt.	20	Schweidnitz, Mar. K.	Ezech. p. 44.
— Meneel, Joh.	19	Pfarr K.	l. p. 10.
— Neumeister, Joh., Canon. art. mag.	22	Dom.	Inscr. p. 41b.
— Warendorf, Nic., auf Wittgendorf.	19	Wittgendorf, Kr. Sagan.	Act. Alterth. d. Vicar.-Amts.
1549. Feebner, Donatus.	19	Schweidnitz, Pfarr K.	Ezech. l. p. 10.
— Hengel, Joh.	23	Elisab. K.	Inscr. p. 111.
— Mulhem, Jorge, Doschge genannt.	16	Laasan, Kr. Striegau.	
— Tresken, Anna, geb. Seidlitz (Merendorf).	17	Grotthau.	
1550. Andres, Mart., Rathmann und Frau.	20	Brieg, Pfarr K.	Ezech. p. 416.
— Priska, gest. 1553.	20	dito.	dito.
— Burg, Joh. v. d., Senator.	23	Magd. K.	Inscr. p. 137b.
— Cedelitz, Bartel.	26	Leipe, Kr. Jauer.	
— Hengel, Sebast.	23	Magd. K.	Inscr. p. 137b.
— Hubner, Joh.	23	dito.	dito.
— Jeseke, Valent.	23	dito.	dito.
— Jeseke.	24	dito.	Seidl. Samml. p. 96b.
— Ladebach, Georg.	23	Elisab. K.	Inscr. p. 112b.
— Langia, Frau Ursula.	23	Glatz, Pfarr K.	p. 292b.
— Martinus, Andr. und Frau Priska, gest. 1553.	23	Brieg.	p. 418b.
— Melhose, Christof v., zu Hartmansdorf.	15	Hartmannsdorf, Kr. Sagan.	Act. Alterth. d. Vicar.-Amts.
— Pyraer, Matth., Archidiakonus.	26	Glogau.	
1551. Egesladius, Petrus.	23	Bunzlau, Pfarr K.	Inscr. p. 428.
— Franco, Georgius, Diaconus.	21	Münsterberg, Pfarr K.	Ezech. p. 856.
— Gerlachius, Mich.	23	Bunzlau dito.	Inscr. p. 865.
— Haugwjezin, Hel., verheir. Melhose.	13	Hartmannsdorf, Kr. Sagan.	Act. Alterth. d. Vicar.-Amts.
— Haugwitz, Christof.	28	Gr. Osten, Kr. Guhrau.	
— Leuwen, Hans v. d. Konks und Zabelau.	22	Koiskau, Kr. Liegnitz.	
— Medtei, Joan., Vicar., Sacrist.	21	Dom.	Inscr. p. 13b.
— Moll, Nickel v. der Elder zu Mulredlitz.	27	Mühlrädlitz, Kr. Löben.	Ahnensaal.
— Nostitz, Georgius a.	26	Lobris, Kr. Jauer.	
— Nunhart, Stanisl.	23	Elisab. K.	Inscr. p. 110b.

	Band	Fund-Ort	Quellen
1551. Reichenbach, Marg., Kind.	21	Quirkendorf.	Ezech. p. 1000.
* — Schindel, Christof und Texipenkowitz etc.	21	Gross Mohnau.	
* — Schindelt, Christof v., auf Gr. Mohnau.	18	Gr. Mohnau, Kr. Schweidnitz.	Act. Alterth. d. Vicar.-Amtes.
* — Zedlitz, Frau ...... v.	26	Wernersdorf.	
1552. Burghaus, Nic. v. und Frau.	23	Magd. K.	Inscr. p. 138.
— " Anna geb. v. Horau und	23	dito.	dito.
— " Christof, Sohn, gest. 1560.	23	dito.	dito.
* — Cochlaeus, Joannes, Dr., Canon.	27	Dom.	siehe auch Bd. VI.
— Gremser, Gandolf, art. et med. Dr.	23	Magd. K.	Inscr. p. 138.
— Lamprecht, Math., J. U. D., Canon.	31	Dom.	Inscr. p. 14.
— Mohl, Melcher v., Obrist.	30	Drossdorf, Kr. Striegau.	
— Reiche, Franz. 31.	29	Goldberg.	
— Scharf, Joh., erster Stadtschreiber.	23	Elisab. K.	Inscr. p. 111.
1553. Bork, Dipprant.	22	Lobris, Kr. Jauer.	
— Cuntzius, Joannes, Senator.	19	Schweidnitz, Pfarr K.	Ezech. 1. p. 10.
— Gutschaller, Joh., Königl. Rath.	23	Magd. K.	Inscr. p. 138 b.
— Hanisch, Franc.	23	Bernhardin K.	• p. 160.
* — Huberch, Chr. v. Fürstenstein.	29	Rudolstadt.	
1553. Logau, Anna v., Kind.	16	Peterwitz, Kr. Schweidnitz.	
— " Anna und Magdalena v., Kinder.	17	dito.	
— Logus, Georg v. Slampitz, Dr. Canon.	22	Krenz K.	Inscr. p. 52.
— Nimptsch, Junker v., zu Steffenshau,	19	Stephanshain, Kr. Schweidnitz.	Act. Alterth. d. Vicar.-Amtes.
— " Sigm. v., Kind, gest. 1571.	19	dito.	dito.
— Peterswald, Hans und Frau.	19	Peterswaldau, Kr. Reichenbach.	dito.
— " Anna, geb. Seidlitzin, gest. 1548.	19	dito.	dito.
— Pupschütz, Phil. v., auf Peterwitz und Falkenau.	18	Falkenau, Kr. Groitkau.	dito.
— Reding, Nic., Senator.	23	Elisab. K.	Inscr. p. 111.
— Ruhnbaum, Georg, Provisor, an der Pest gestorben.	23	Striegau, Pfarr K.	• p. 379 b.
— Schella, Marg. v., geb. Koschenbarin.	30	Brieg, Pfarr K.	Ezech. p. 479.
— Schweneckfeld, Nickel, zu Ossig.	29	Ossig, Kr. Lüben.	
— Seidlitz, Ign. v., Altarist.	26	Leipe, Kr. Jauer.	
— Wittich, Hier., Pastor.	20	Brieg, Pfarr K.	Ezech. p. 486.
1554 56. Gotsche, Magd., — Marj, — Heinr., 3 Kinder.	26	Greiffenberg.	
1554. Nichelschutz, Mart., U. J. D., Canon.	25	Glogau.	Seidl. Samml. p. 183.
— Schwohsdorf, Hedwig, geb. Trommendorf.	19	Schweidnitz, Pfarr K.	Ezech. 1. p. 11.
— Vincentius, Abt.	18	Heinrichau.	Act. Alterth. d. Vicar.-Amtes.
1555. Achilles, Joach., Dr. med.	19	Schweidnitz, Pfarr K.	Ezech. 1. p. 11.
— Burghaus, Christof und Sigm. a.	21	Frankenstein, Pfarr K.	• p. 885.
— Gerhart, Valerius.	28	Guhrau.	
— Grunauer, Frau Marg.	23	Glatz, Pfarr K.	Inscr. p. 793.
* — Hortensius, Vica., Praep. Cathedr. Vratisl.	25	......	Seidl. Samml. p. 205 b.
* — Kreckwitz, Hans v. Wiurhwitz und 3 Frauen.	24	Jakobskirch.	
— " Derselbe.	24	Kr. Glogau.	
* — Prauser, Leonhart.	26	Magd. K.	Seidl. Samml. p. 103.
* — Popschütz, Salome v., geb. Schcoppen.	19	Poppschütz, Kr. Freistadt Nd./Schl.	Act. Alterth. d. Vicar.-Amtes.
— Schindel, Hans v. Trommsdorf zu Grossendorf.	25	......	Seidl. Samml. p. 197 b.
— Streit, Geronimus zu Eisdorf.	26	Harelicht, Kr. Striegau.	
— Weiss, Joh., Chyrurgus.	23	Magd. K.	Inscr. p. 139 b.
1556. Busewoy, ...	28	Schalwnau, Kr. Guhrau.	
* — Johannes, Herz. v. Münsterberg-Oels a. Gemahlin.	15	......	Luchs, Fürstenbilder.
* — Christina geb. von Schidlowitz.	18	......	
— " Herz. v. Münsterberg, geb. Schydlowitz.	25	......	Seidl. Samml. p. 167 b.
— Heit, Henricus und Petrus, Chorgeistliche.	18	Heinrichau.	Act. Alterth. d. Vicar.-Amtes.
— Schweinichen, ... Frau des Burghmann Schw.	20	Brieg, Pfarr K.	Ezech. p. 500.
— Thomas, Peter, Lehrer.	20	Brieg, Pfarr K.	
— Trocendorf, Valentin, Schulrektor.	29	Goldberg.	

14

	Band	Fund-Ort.	Quellen.
1556. Trotzendorf, Valentin.	22	Goldberg.	
1557. Bomhoeri, Peter.	23	Bunzlau, Pfarr K.	Inser. p. 365 b.
— Georgius, Abt zu Camens.	21	Camenz. Kloster.	Ezech. p. 905.
— Hengel, Andr., Senator.	23	Elisab. K.	Inser. p. 112.
— Hiuckeniekel, Nic.	19	Schweidnitz, Pfarr K.	Ezech. I. p. 11.
— Lange, Catharina.	19	dito.	» I. p. 12.
— Milenow, Georg, Vicar.	22	Kreuz K.	Inser. p. 55 b.
— Nunhart, Peter.	23	Elisab. K.	» p. 112.
— Renner, Jann, Rektor der Domschule.	21	Dom.	» p. 15 b.
— Rolben, Matth., Canon., Prof. theol.	24	dito.	Seidl. Samml. p. 57 b.
— Seultetus, Paner. Baccal. et Pietor.	21	Glatz, Pfarrk.	Ezech. p. 921.
— Stosch, Alex., gen. Goren auf Mundschütz.	19	Gr. Tschirnau, Kr. Guhrau.	Act. Alterth. d. Vicar.-Amtes.
— » Alex., Goren genannt.	28	dito. dito.	
— Schwincke, Andreas, Notar.	30	Oppeln, Kreuz K.	
1558. Conrad, Gerardus, Vicar.	24	Dom.	Seidl. Samml. p. 57 b.
— Conradus, Bernh., Vicar.	21	dito.	Inser. p. 15 b.
— Fabianus, Joh. Maler.	21	Glatz, Pfarr K.	Ezech. p. 922.
— Falkenban, Sigm. v. Klein Kriehen.	24	Sand K.	Seidl. Samml. p. 126 b.
— Gebhard, Andr., Bürgermeister und Frau.	25	Winzig, Pfarr K.	Staats-Archiv.
— » Agnese, gest. 1563.	25	dito. dito.	dito.
° — Haunold, Georg von der Bresa.	23	Bresa.	
— Lehmann.	22	Mar. virg. K.	Inser. p. 69.
— Polemann.	23	Oels, Sch. Joh. K.	» p. 269.
— Preibisius, Valent., Senator.	23	Bunzlau, Pfarr K.	» p. 365 b.
— Reimitz, Nibel, tuum Kaldenhause, fol. 291.	20	Gross Rosen, Kr. Striegau.	
— Reuss, Christof, Abt.	22	Set. Vincenz.	» p. 83.
— Tschammer-Osten, Ernst v. und Frau.	28	Gr. Osten, Kr. Guhrau.	
— » Dor., geb. Wiesen.	23	dito. dito.	
— Tunckel, Balth. v., zu Baudmannsdorf.	30	Woltsdorf, Kr. Hainau.	
— Wildenberg, Hier., Dr. theol., phil. et med., Physik.	29	Goldberg.	
°1559. Ashelm, Simon.	26	Elisab. K.	Seidl. Samml. p. 11 b.
— Bock, Anna geb. Sebeldorffin.	28	Hermsdorf, Kr. Hainau.	
— Forster, Barb., nebst Mann und drei Kindern.	29	Pilgramsdorf dito.	
— Haugwitz, Helene v., geb. Burghaus.	19	Glatz.	Sinapius, Anhang p. 13.
— Hertelius, Joh. de Marknitz, Canon., art. Mag.	22	Kreuz K.	Inser. p. 52.
— Netzelin, Cath. v. Ottmutt, verh. ·····	29	Loewen, Kr. Brieg.	
— Koschenbart, Seb., genannt Scheplesky.	24	Brieg.	
— Pfintzing, Jerem.	23	Elisab. K.	Inser. p. 112 b.
— Seidlitz, Hertwig t v. Schwentnig u. Frau Hedwig ···	18	Schmellwitz, Kr. Schweidnitz.	
° — » Hertwig's v., Söhnlein.	22	dito.	
— Stosch, Anna, Tochter des Balth. St., Kind.	19	Gr. Tschirnau, Kr. Guhrau.	Act. Alterth. d. Vicar.-Amtes.
° — Zeppe, Marg. geb. Sakchen von Stepdorf.	20	Neumarkt.	
1560. Dreak, ······ zu Mersdorf.	16	Grotkau.	
° — » Caspar auf Merzdorf.	25	dito.	
° — Francisci, Joan., Prior.	23	Alberti K.	Inser. p. 75.
° — Franciscus I., Abt zu Sagan.	16	Sagan.	
— » II., dergl. gest. 1557.	16	dito.	
° — Gotsch, Bernh. d. jüngere vom Kinast auf Rurlach.	29	Schildau.	Seidl. Samml. p. 10.
° — Hertwigk, Andr. J. C.	26	Elisab. K.	Inser. p. 93.
— Kuretzbach, Anna de Trachenberg, 18. Aebtissin.	23	Clara K.	
— Logau, Matthes v. und Frau geb. Seidlitz.	18	Peterwitz, Kr. Schweidnitz.	
— Nostitz, Joh. Nic. de.	25	Lobris, Kr. Jauer.	Ahnensaal.
— Reibnitz, Anna, verh. ······	26	Girlachsdorf, Kr. Bolkenhain.	
— Reichenbach, Gregor v.	21	Peterwitz.	Ezech. p. 917.
— Schellendorf, Otto.	27	Straupitz, Kr. Hainau.	
— Zedlitz, Melchior v. zuw Willkaw und	19	Weizenrodau, Kr. Schweidnitz.	Act. Alterth. d. Vicar.-Amtes.

	Band.	Fund-Ort.	Quellen.
1560. Zedlitz, Urs. geb. Scheindorfin v. der Wehiche.	19	Weinzurodau, Kr. Schweidnitz.	Act. Alterth. d. Vicar.-Amtes.
— · Anna, Ursula und Melchior, Kinder.	25	Leipe, Kr. Jauer.	
1561. Borwitz, Heinrich v. Koitza.	29	Koitz, Kr. Liegnitz.	
— Cuedlitz, Nickel v. Nimmersat auf Ketschdorf.	25	Ketschdorf, Kr. Schönau.	
— Czeschau, Christof v.	25	Bırchlen, Pfarr K.	Seidl. Samml. p. 166 b.
— Firle, Georg.	23	Bunzlau, Pfarr K.	Inscr. p. 365 b.
— Hoffmann, Joach., bacc. phil.	27	Striegau, Pfarr K.	Esech. p. 299.
— · Achatius.	22	dito. dito.	dito.
— Holtzmann, Stanisl., Jurist.	23	Bunslau dito.	Inscr. p. 368 b.
— Hubner, Peter, Radsfreund.	24	Lucwenberg.	
— Hunger, Joh., Senator.	23	Bunslau, Magd. K.	Inscr. p. 139 b.
— · Hans und zwei Frauen.	24	Magd. K.	Seidl. Samml. p. 97 b.
— Lange, Cath. und Sohn.	19	Schweidnitz, Pfarr K.	Esech. I. p. 13.
— Lindner, Simon.	23	Bunzlau, Magd. K.	Inscr. p. 139 b.
— Lucanus, Martinus.	19	Schweidnitz, Pfarr K.	Esech. I. p. 12.
— Nimptsch, Anthon. un dem Langen Uebmisdorf f. 300.	25	Langhelwigsdorf, Kr. Bolkenhain.	
— Reibnitz, Christof.	26	Girlachsdorf, dito.	
* — Reichenbach, Hedwig geb.	27	Ingramsdorf.	
* — Rosarszow, Gfin. Sus. geb. Miakowska de Mirow.	27	Dom.	Siehe auch Bd. II. u. VII.
— Neidlitz, Anna, verh. Pogrel auf Ilabendorf.	20	Rosen.	Esech. p. 995.
— Stoache, Balth. v. Mundschütz zur Tschirne und	19	Gr. Tschirnau, Kr. Guhrau.	Act. Alterth. d. Vicar.-Amtes.
— · Hedwig geb. Glaubitzern.	19	dito. dito.	dito.
— Stosch, Balth. v. Mundschütz zur Tschirne.	28	dito. dito.	
— · dito. dito.	28	dito. dito.	
— · dito. dito. u. Frau.	26	Ketschdorf, Kr. Schönau.	
— Zechischau (Zeschau?). Hel. v. geb. Schindel.	16	Ingramsdorf, Kr. Schweidnitz.	
1562. Bock, Urs. v., geb. Schweinichen.	25	Lobris, Kr. Jauer.	
— Elogina, Frau Esther.	23	Magd. K.	Inscr. p. 139 b.
— Gerstmann, Catharina.	21	Dom.	· p. 16 b.
— Moarious, Herzog v. Münsterberg.	23	Münsterberg, Pfarr K.	· p. 280.
— Kirchner, Petrus, des Raths und Frau	20	Brieg Pfarr K.	Esech. p. 464.
— · Catharina.	20	dito. dito.	dito.
— Mandel, Joh., Canon.	22	Kreuz K.	
* — Pückler, Wenzel v. Grodits zu Schedlau.	25	Schedlau.	
* — Reichenbach, Urs. v.	22	Hartmannsdorf.	
* — Schwobsdorf, Anna v., gb. Tschirnhausen (fehlerhaft).	18	Baumgarten.	
* — Tschirnhausen, Anna, geb. ...... v. Boberstein.	16	dito.	
— Weinisch, Joh. u. Frau, gest. 1560.	19	Brieg, Pfarrk.	Esech. I. p. 455.
— · Joh., Senior.	19	dito. dito.	Inscr. p. 418.
— Weiskopf, Hans und Frau Scholastica, gest. 1544.	19	dito. dito.	Esech. I. p. 425.
1563. Bavarus, Urs., Consul.	23	Striegau dito.	· p. 300.
— Berger, Dor., geb Dreizaigmarkin.	26	Glogau.	
— Hoffmann, Caspar, Bürgermeister.	18	Reichenbach.	
— Korckwitz, Melchior, zu Tharna.	21	Münsterberg, Pfarr K.	Esech. p. 862.
— Logan, Susanne v., Mädchen.	18	Peterwitz, Kr. Schweidnitz.	
— Musculus, Wolfg.	23	. . . .	Inscr. p. 463 b.
— Nechem, Frau ...... und	26	Glogau.	
— · Frau Barbara, gest. 1567.	26	dito.	
— Sack, Heinr. v. aufRadschütz, u. Fr., geb. Manchwitz.	18	Koeben, Kr. Steinau.	Act. Alterth. d. Vicar.-Amtes.
— · Heinr. v., auf Radschütz, und Frau	27	dito. dito.	
— · Cath. geb. Manwiezy v. Patocki, gest. 1579.	27	dito. dito.	
* — Schoff Gotsche, Ulrich vom Kinast etc.	29	Schildan.	
* — Stoss von Thama, Hans.	17	Ober-Ohnesdorf.	
— Pitschert, Franz, Land-Scheppe, u. Frau, gest. 1585.	18	Reichenbach.	
* — Zechischau, Ehlena v., geb. Schindeln.	23	Ingramsdorf.	

	Band.	Fund-Ort.	Quelle.
1564. Cuneus, Mart., Diakonus.	22	Löwenberg, Pfarr K.	Ezech. p. 225.
— Gorlitzer, Gregor, junior.	23	Barbara K.	Inser. p. 164.
— Kalinowska, Barb., 19. Aebtissin.	23	Clara K.	„ p. 93.
* — Kreckwitz, Nic. v., auf Wirchwitz zu Jakobskirch.	24	Hermsdorf.	
— „ ······ zu Jacobskirch.	24	Jacobskirch. Kr. Glogau.	
— Lunsch, Matth. v. Gartschin und Frau.	24	Magd. K.	Seidl. Samml. p. 100b.
— „ Magd., geb. Morissin.	24	dito.	dito.
— Seidlitz, Hans, Kind, Kratzkau.	16	Schmellwitz, Kr. Schweidnitz.	
* — Zettlitz, Hans v., auf Kl. Schwein.	24	Hochkirch.	
1565. Deledlau, Joachim.	26	Glogau.	
— Faber, Franz. Kochritzius, Historiograph.	23	Magd. K.	Inser. p. 140.
— Klingenberg, M. Joh., Schulrektor.	21	Frankenstein. Pfarr K.	Ezech. p. 363.
* — Ledlau, Joach. de, Canon.	24	Dom K. Gr. Glogau.	
— Leoni, Balth., Pfarrer.	20	Schweidnitz, Nicol. K.	Ezech. p. 62.
— Lidlaw, Joach. de, Dechant.	18	Gr. Glogau, Pfarr K.	Act. Alterth. d. Vicar.-Amtes.
— Tschammer-Osten u. Niebe, Abr. v., von den Türken enthauptet.	28	Gr. Osten. Kr. Gubrau.	
1566. Franciscus, I. Abt.	19	Sagan.	dito.
— „ II. Abt, gest. 1584.	19	dito.	dito.
— Johannes, Herzog v. Münsterberg, Oels, Glatz.	25	Oels.	Seidl. Samml. p. 167b.
— Kosch, Vitus, Pastor.	23	Trebnitz.	Inser. p. 368.
— Orthmann, Casp., Kaplan.	23	Loewenberg.	„ p. 368b.
* — Schafgotsch, Hans, gen. vom Kinast.	22	Reussendorf.	
— Schindel, Jorge (v. Arnsdorf) zum Kaldeu-Hause.	20	Gross Rosen, Kr. Striegau.	
— Schweinichen, B. Burgmann.	24	Schweinhaus, Kr. Bolkenhain.	
* — Sern, Tasse gen., Hans v.	17	Wünsig.	
1567. Bibran, Valent. v. Erstocken.	24	Oels.	
— Burghaus, Heb., verh. v. Haugwitz-Pischkowitz, gest. 1559.	21	Glatz. Pfarr K.	Ezech. p. 922.
— „ Anna v., geb. v. Koraw (Roraw?)	19	Glatz.	Sinapius Anh. p. 15.
— Busewei, Frdr. v.	27	Gr. Rinnersdorf, Kr. Löben.	
— Crapidelius, Joh.	23	11 M. Jungfrauen K.	Inser. p. 167b.
** — Gotsche, Salome, geb. Nimptschia, und Gatte.	22	Reussendorf.	
— Lange, Joan. J. C.	19	Schweidnitz, Pfarr K.	Ezech. l. p. 13.
* — Niemitz, Marg. v., geb. Gotschin v. d. Schwarzbach.	20	Gross Peterwitz.	
— Nimptsch, Hans, zu Lang-Helwigsdorf.	26	Langen-Helwigsdorf, Kr. Bolkenh.	
— Prockendorf, Hier. v., auf Rotensürben.	18	Rothsürben.	Act. Alterth. d. Vicar.-Amtes.
— Rechenberg, Balth. v., und Frau. fol. 110.	19	Gr. Bohrau, Kr. Freystadt.	dito.
— Roraw, Anna v., verh. v. Burghaus.	21	Glatz, Pfarr K.	Ezech. p. 922.
— Sturm, Lorenz.	20	Belchenstein, Pfarr.	Ezech. p. 708.
— Tschaitschke, Heinr., auf Gugelwitz.	29	Gugelwitz, Kr. Löben.	
— Warkocz, Veron., geb. Karpen v. Karpfen.	21	Queitsch. Kr. Schweidnitz.	
* — „	22	dito.	
— Wegehaubt, Melch.	23	Glatz. Pfarr K.	Inser. p. 233b.
— Werner, Paul, Pastor.	23	Neurode.	„ p. 306.
— Wolf, Franz., Praetor, und Frau Barbara.	22	Loewenberg, Pfarr K.	Ezech. p. 225.
— Zedlitz, Ura. v., geb. Schenkin von Marschwitz.	19	Weinzernodau, Kr. Schweidnitz.	Act. Alterth. d. Vicar.-Amtes.
1568. Holzpecher, Magd., geb. Hengel.	20	Schweidnitz, Pfarr K.	Ezech. p. 35.
— Koerber, Ambros., des Raths u. Frau.	20	Brieg dito.	„ p. 464.
— „ Ursula, gest. 1563.	20	dito. dito.	„ dito.
— Montanus, Adam, Canon.	22	Dom.	Inser. p. 17.
— Olschtzius, Clemens.	19	Schweidnitz, Pfarr K.	Ezech. l. p. 14.
— Piccolomini, Almericus, Canon. Proton., apost.	22	Dom.	Inser. p. 17.
— Polius, Thomas, Prediger.	23	Magd. K.	„ p. 140.
— Popschütz, Bartsch v., auf Popschütz.	19	Poppschütz, Kr. Freistadt.	Act. Alterth. d. Vicar.-Amtes.
— Redern, Barb., verh. Schindel, zum Neudorf.	18	Gr. Mohnau, Kr. Schweidnitz.	dito.

	Band	Fund-Ort	Quellen
1568. Ronau, Hans v., v. Rohnstock auf Nieder-Bielau.	21	Lampersdorf.	Ezech. p. 1023.
* — Sack, Magd. v., Kind.	21	Hohen-Poseritz.	
* — Schindel, Barb., geb. Rederin.	21	Gross Mohnau.	
— Seidlitz, Sigm. v., Sohn des Hertwig S. zu Schmelwitz, Kratzkau.	17	Schmelwitz, Kr. Schweidnitz.	
* — Seidlitz, Sigm. v., Kind.	22	dito.	
— Strelt, Frau Marg. v.	26	Harslich, Kr. Striegau.	
— Tschaetschke, Jungfrau Susanna.	29	Gugelwitz, Kr. Löben.	
— Warkoez, Hans v. Nebschütz zu Grunau u. Frau.	18	Queitsch.	Act. Alterth. d. Vicar.-Amtes.
— » Veronica geb. Karpfen v. Karpfen, gest. 1567.	18	dito.	dito.
— » Hans v. Nobschütz.	21	dito Kr. Schweidnitz.	
* — » dito zu Grunau.	21	dito.	
1569. Carl, Christoph., Horn. v. Münsterberg, Oels, Glatz.	25	Oels.	Seidl. Samml. p. 167 b.
— Caetriez, Margarita v. und Anna, gest. 1571.	17	Waldenburg.	
— Frobenius, Dor., geb. Huldrich.	23	Glatz, Pfarr K.	Inscr. p. 293 b.
— Kheul, Heinr. v., Kind.	20	Gross Rosen, Kr. Striegau.	
— Lange, Severus, Vicarius.	21	Dom.	» p. 17 b.
— Langl, Melch.	20	Schweidnitz, Mar. K.	Ezech. p. 44.
— Mohl, Magd. v., geb. Falkenhainin.	27	Mühlraedlitz, Kr. Löben.	
— Reibnitz, Wilh. v., von Rosen zu Polckow.	20	Gross Rosen, Kr. Striegau.	
— » Marg. v., geb. Zedlitzen.	26	Wederau, Kr. Bolkenhain.	
* — Schkopp, Sigmundt v., auf Heinzendorf.	16	Heinzendorf bei Poltwitz.	
— Smetana, Thomas, Hospital-Vorsteher.	22	Mathias K.	Inscr. p. 79.
* — Stinael, Siegm. v., von Wirtschütz u. Tarnaw.	16	Ober Glasersdorf.	
— Stos, Velt, der jüngere.	18	Frankenstein.	
— Wurissen, Wenzel der elder zu Urska.	27	Urschkau, Kr. Steinau.	
1570. Bees, Adam vt Colu u. Katowitz in Rokitsch.	27	Oppeln.	
— Bees, Adam, Frhr. in Cola.	29	dito.	
— Cibulka, Wenc. de Lituhowitz auf Schönwald.	27	dito. Collegiatstift.	
— Cyschwitz, Baltzer v. Gaebersdorf auf Rosersbach.	21	Rosen.	Ezech. p. 996.
— Cschei, Franc., Lehrer.	21	Striegau, Pfarr K.	» p. 303.
— Elisabeth, 16. Aebtissin, Horn. v. Oppeln, an der Pest gestorben.	23	Clara K.	Inscr. p. 92 b.
— Freudenreich, Cestaus, des Raths, und Frau.	20	Brieg, Pfarr K.	Ezech. p. 440.
— » Anna, geb. Oyen, gest. 1572.	20	dito. dito.	dito.
— Girlach, Joach., Physikus.	21	Jauer, dito.	Ezech. p. 145.
— Hauck, Ambros., Prior. bacc. art. lib.	22	Breslau, Mar. virg. K.	Inscr. p. 69 b.
— Heintalus, Jacobus.	19	Schweidnitz, Pfarr K.	Ezech. L. p. 14.
— Logau, Sigm. v., Kind.	25	Leipe. Kr. Jauer.	
— Neumann, Bartel, Rentmeister und Frau	20	Brieg, Pfarr K.	Ezech. p. 466.
— » Doroth., gest. 1580.	20	dito. dito.	dito.
— Preuss, Andr., n. Fr. Cath. geb. Emrichin, gest. 1571.	23	Magd. K.	Inscr. p. 140 b.
* — Pusch, Georg v., auf Gross Schwein.	26	Hochkirch bei Glogau.	
* — Pusch, Hedw., geb. Stussen.	24	dito.	
— Reussnerus, Caspar, Diakonus.	21	Löwenberg, Pfarr K.	Ezech. p. 225.
— Seidlitz, Marg. v., geb. Reibnitzin.	24	Wederau, Kr. Bolkenhain.	
— Stange, von Stonsdorf, Daniel auf Kunitz.	27	Kunitz, Kr. Liegnitz.	
— Wittich, Frau Agnes.	25	Conel, Pfarr K.	
— Wurissen, Magd., geb. Lossen.	27	Urschkau, Kr. Steinau.	
— Zedlitz, Stentzel v., auf Wilken.	19	Weizenrodau, Kr. Schweidnitz.	Act. Alterth. d. Vicar.-Amtes.
— Zittwitz, Elis., geb. Diebitschin.	27	Militsch, Kr. Steinau.	
1571. Albinus, Georgius, praetor.	21	Münsterberg, Pfarr K.	Ezech. p. 856.
— Beier, Jac., Praecentor.	20	Schweidnitz, Nic. Kirche.	» p. 60.
— Caspar, Martin, Kassenherr, und seine Frauen	20	Brieg, Pfarr K.	» p. 418/449.
— » Dorothea, gest. 1559.	20	dito. dito.	dito.
— » Christina, gest. 15··.	20	dito. dito.	dito.

IV.

3

	Band.	Fund-Ort.	Quellen.
1571. Geblerus, Paulus, Diakonus.	21	Münsterberg, Pfarr K.	Ezech. p. 856.
— Graff, Georg.	23	Magd. K.	Inser. p. 140b.
— Greunleius, Hedwig, geb. Keylen.	25	Winzig, Pfarr K.	
— Huldrich, Joh. Notarius.	21	Glatz, Pfarr K.	Ezech. p. 928.
— Meisner, Anna, verh. Heinisch.	23	Bunzlau, dito.	Inser. p. 365b.
— Netz, Heinr. v., v. Weigelsdorf zu Bögendorf.	19	Langenbielau, Kr. Reichenbach.	Act. Alterth. d. Vicar.-Amtes.
— Nimptsch, Sigmund.	17	Stephanshain, Kr. Schweidnitz.	
— Nostitz, Hier. A.	24	Lobris, Kr. Jauer.	Ahnensaal.
— Reibnitz, Jorge v. Piterwitz u. Bersdorf	16	Peterwitz, Kr. Schweidnitz.	
— » Hans v. Ussenbar.	25	Wederau, Kr. Bolkenhain.	
— » Hans v., auf Ossenbar, der Elder.	25	dito.	
* — » Georg v., v. Pitterwitz u. Bersdorf.	23	Peterwitz bei Saarau.	
— Reimann, Gregor.	22	Loewenberg.	Ezech. p. 234.
— Rohn, Jesahia v. (Teichenau).	17	Würben, Kr. Schweidnitz.	
— Wurlssen, Wentzel, der junger zu Uroka.	27	Urschkau, Kr. Steinau.	
1572. Andreades, Bartolus, Ludimagister.	21	Striegau, Pfarr K.	Ezech. p. 301.
— Contzendorf, Heinr. v. Ludwigsdorf.	19	Brieg, Pfarr K.	» L. p. 442.
— Kontzendorf, Heinr. v. Ludwigsdorf.	20	dito. dito.	» p. 501.
— Dreak, Georg, auf Merzsdorf u. Gula.	16	Grottkau.	
— » Rosina, geb. Stieg····	16	dito.	
* — » Ros., geb. Stilkfried).	24	dito.	
* — » George v., auf Mertzdorf u. Gula.	25	dito.	
— Eckert, Mathes.	26	Greiffenberg.	
— Freund, Gregor, u. Frau Hedwig, gest. 1583.	19	Schweidnitz, Pfarr K.	Ezech. L. p. 17.
— » Gregor., Senator.	20	dito dito.	» p. 3536.
— Gelhorn, Leonhart v. Prziderwitz u. Naselwitz.	30	Naselwitz, Kr. Nimptsch.	
— » Derselbe.	30	dito. dito.	
— Georgius, Bernhard's Sohn.	21	Frankenstein, Pfarr K.	Ezech. p. 870.
— Gerhard, Thomas.	23	Bernhardin K.	Inser. p. 160.
* — Haunold, Wolf v., der Ältere, der v. Protsch a. d. Oder auf Bresa.	28	Bresa.	
— Mohl, Dor., geb. Braunin.	27	Mühlrädlitz, Kr. Lüben.	
— Prockendorf, Sigm. de Schoanitz in Rothsirben.	22	Dom.	» Inser. p. 441b.
— » Fabian.	23	Elisab. K.	» p. 124b.
— Reibnitz, Guintzell v., auf Wederau.	24	Wederau, Kr. Bolkenhain.	
— » Guntzel, der Elder.	26	dito. dito.	
— » Cath. v., geb. Schindelin.	26	dito. dito.	
— » Christof, zu Ober-Wederau.	26	dito. dito.	
— Sauer, Jac., Pastor u. Senior.	23	Waldau.	Inser. p. 232.
— Sauermann, Albr., u. Fr. Hel. geb. Hirsch, gest. 1589.	23	Elisabeth K.	» p. 114.
— » Albert, Capitan.	23	dito.	» p. 110b.
* — Schkopp, Wolf v., und Kotzenau.	16	Heinzendorf bei Polkwitz.	
— Schleupner, Sch., Dr. theol., Canon.	21	Dom.	» Inser. p. 18.
* — Schofgotsche, Hans v. Kynast u. Frau.	22	Reussendorf.	
— » Marg. geb. Hubrichenv. Fürstenstein.	22	dito.	
— Schwincke, Hedwig.	30	Oppeln, Kreuz K.	
— Simon, II. Abt zu Camenz.	21	Camenz, Kloster.	Ezech. p. 905.
— Stephani, Georg.	23	Elisab. K.	Inser. p. 114.
* — Zedlitz, Wolf v., zu Lomnitz.	30	Lomnitz.	
1573. Curaeus, Joach., Dr. phil. et med.	25	Glogau.	
— Caedliexia, Ursula.	24	Ketschdorf, Kr. Schönau.	
— Dietlar, Benedict.	23	Magd. K.	Inser. p. 140b.
* — Frubielwitz, Trutzke genannt, Siegmund.	17	Stroppen.	Inser. p. 19.
— Gallus, Bonaventa. M., Kanzler.	21	Dom.	
— Habicht, Gregorius, Senats-Sekretair.	19	Gr. Glogau, Pfarr K.	Act. Alterth. d. Vicar.-Amtes.
— » Derselbe.	26	dito.	

	Band.	Fund-Ort.	Quellen.
1573. Kauffung, Sigmund von Chlum.	18	Frankenstein.	
— Niebelschütz, Melch. v., auf Glinitz und Frau	19	Gr. Tschirnau, Kr. Guhrau.	Act. Alterth. d. Vicar.-Amtes.
‚ Anna geb. Diebitsch, gest. 1565.	19	dito.	dito.	dito.
— ‚ Melcher v., zu Gleinitz u. Ellguth.	28	dito.	dito.
‚ Anna geb. Diebitschin, gest. 1565.	28	dito.	dito.
— Reichenbach, Marg. v., geb. Peterswald.	21	Peterwitz.	Ezech. p. 917.
— Sedlnitzky, zwei Kinder.	18	Kaminietz.	Act. Alterth. d. Vicar.-Amtes.
— Seiler, Joh., Senior und Consul.	21	Bunzlau, Pfarr K.	Ezech. p. 258.
— Thuringus, Martha.	20	Schweidnitz, Pfarr K.	‚ p. 37.
— Zedlitz u. Nimmersatt (1551, 75, 75, 77, 93).	18	Wernersdorf, Kr. Landeshut.	Act. Alterth. d. Vicar.-Amtes.
* — ‚ Abr. v., u. Wernersdorf zu Mertzdorf.	22	dito.	
* — ‚ Ursula v., Kind.	22	dito.	
— ‚ Anna v., geb. Moehlheimin.	25	Leipe, Kr. Jauer.	‚
— ‚ u. Leipe, Abraham v.	25	dito.	
1574. Bock, George von Lobres zu Berndorf.	24	Lobria, Kathol. K.	
— Bockwitz, Joh., Senator, Eques laur.	23	Elisab. K.	Inscr. p. 124.
— Czesche, Ernst von Krippitz.	21	Ohlau, Pfarr K.	Ezech. p. 758.
— Dorffinger, Peter, Burgemeister und Frau	21	dito.	dito.	‚ p. 785.
‚ Agnes, gest. 1561.	21	dito.	dito.	dito. ‚
— Fridericus, Conrad.	23	Trebnitz.	Inscr. p. 208.
* — Haunold, Eva, geb. v. Zedlitz.	28	Bresa.	
— Hemcke, Burchart. und Frau	23	Bernhardin K	Inscr. p. 160 b.
‚ Cath., geb. Hemmerde, gest. 1577.	23	dito.	dito.
— Jendriczko, Joach., Patrizier.	18	Oppeln, Pfarr K.	Act. Alterth. d. Vicariat-Amtes.
— Knauer, Caspar, Consul.	21	Jauer dito.	Ezech. p. 140.
— Motschelnitz, Cath. v., Aebtissin.	23	Trebnitz.	Inscr. p. 266.
— Nostitz, Otto v., auf Zedlitz u. Lampersdorf.	29	Zedlitz, Kr. Steinau.	
— ‚ ‚ ‚ ‚	30	Zedlitz, Kr. Steinau.	
— Ortlobius, Christof.	19	Schweidnitz, Pfarr K.	Ezech. I. p. 15.
— Pubschütz, Dor., geb. Scheukin v. Wiegwietz.	18	Falkenau, Kr. Grottkau.	Act. Alterth. d. Vicar.-Amtes.
— Schindel, Barb., geb. Nimptsch, und Familie.	18	Borganie, Kr. Schweidnitz.	dito.
— ‚ Heinr. v.	19	Ob. Stephansdorf, Kr. Neumarkt.	dito.
— Sendritzka, Joach., Patrizier.	29	Oppeln.	‚
— Suevus, Johannes.	19	Schweidnitz, Pfarr K.	Ezech. I. p. 16.
1575. Distler, Bened., des Raths, nebst Frau u. Sohn.	24	Magd. K.	Seidl. Samml. p. 95 b.
— Geisler, Friedrich.	30	Steinsdorf, Kr. Steinau.	
15·· ‚ George v., v. Ober-Seeinsdorf.	30	dito.	dito.
1575. Gerhard, Urs., geb. Mergner, Pastorin.	20	Brieg, Pfarr K.	Ezech. p. 505.
* — Glogau, Anna v., geb. Seidlitz, u. Gatte.	17	Jauer.	
— Hauwald, Elias, Patrizier.	22	Bunzlau, Pfarr K.	Ezech. p. 250.
— Hochbergk, Casp. d. Jüngere, auf Güttmannsdorf.	21	Ohlau dito.	‚ p. 758.
— Placotomus, Adam, Prediger.	22	Frankenstein, Pfarr K.	‚ p. 870.
— Reibnitz, Dippraut v. Rathen zu Wirnitz u. Frau	18	Wirrwitz.	
Hedw. geb. Unwürdin, gest. 1567.	18	dito.	
‚ Dipprant v. Radten u. Frau	21	dito.	
‚ Hedw. geb. Unwirdin.	21	dito.	
— Rolap, Jac., Pharm. u. Fr. Barb. gb. König. gest. 1567.	23	Loewenberg.	Inscr. p. 350
* — Sack, Barb. geb. Seidliczen v. Schmelwitz.	21	Stephansdorf.	
— Schallendorf, Kunig., geb. Lanzkrinen.	30	Woitzdorf, Kr. Hainau.	
‚ Christof. v. Feldorf u. Polstraf.	30	dito.	dito.
* — Schindel, Heinr. v. Dromsdorf u. seine Frauen	21	Stephansdorf.	
‚ Urs., geb. Nimptsin und	21	dito.	
‚ Barb., geb. v. d. Heide.	21	dito.	
— Scholtz, Mich., des Raths, u. seine Frauen:	20	Brieg, Pfarr K.	Ezech. p. 479
‚ Elis. geb. Langin, gest. 1512.	20	dito.	dito.
‚ Hel. geb. Thomassin, gest. 1565.	20	dito.	dito.

3*

	Band.	Fund-Ort.	Quellen.
1575. Schwengfeld, Casp. †, zu Ossieg.	29	Ossig, Kr. Löben.	
— Seidlitz, Hertwig, auf Craneau und Frau	18	Schmellwitz, Kr. Schweidnitz.	
• Hedwig, geb. Schweinzin, gest. 1568.	18	dito.	dito.
• — • Hertwig, und Frau	22	dito.	dito.
• Hedwig, geb. Schweinzin.	22	dito.	dito.
— Volcmann, Jacobus, Prior.	30	Schweidnitz, hl. Kr. K.	Ezech. p. 57.
— Wineler, Antonius.	23	Loewenberg.	Inser. p. 355 b.
— Zedlitz-Leipe, Abr. v.	25	Leipe, Kr. Jauer.	
1576. Bock, Hans v., Tochter Eva, Kind.	28	Hermsdorf, Kr. Hainau.	
— Czecken, Hans v., auf Beltsch und Schwusen.	25	Schabenau, Kr. Guhrau.	
— Dihr, Wolf v., auf Contop, und Frau	19	Kontop, Kr. Grünberg.	Act. Alterth. d. Vic.-Amtes.
• Magd. v., geb. v. Glaubitz, gest. 1607.	19	dito.	dito.	dito.
— Hemcke, Nickel, und Frau	28	Guhrau.	
• Marg., geb. Fischer.	28	dito.	
— Henrlei, Anna, geb. Bernhard.	23	Frankenstein, Pfarr K.	Inser. p. 285.
— Leber, Joh.	23	Striegau, Pfarr K.	• p. 381.
— Nickel, Georg.	23	Magd. K.	• p. 140 b.
— Nicolaus, Abt.	23	Grüssau.	• p. 387 b.
— Poppius, Christof, Pastor.	23	Elisabeth K.	• p. 114 b.
— • Christophor., Diener des Worts.	24	dito.	Seidl. Samml. p. 93 b.
— Reders, Anna, geb. v. Loglindes.	18	Krappitz.	
— Reusner, Franc.	22	Loewenberg.	Ezech. p. 234.
— • Christ, Kind.	23	dito.	Inser. p. 361.
• — Schellendorf, Hetewigis v., geb. Kielin.	17	Wolmsdorf, Kr. Bolkenhain.	
— • Hetwigis v., geb. Kielin.	24	Ndr. Wolmsdorf, Kr. Bolkenhain.	
— Schindel, Martin v.	19	Ob. Stephansdorf, Kr. Neumarkt.	Act. Alterth. d. Vic.-Amtes.
— Schofgotsche, Gotth. gen., auf Kinast.	24	Greiffenberg, kathol. K.	
• — Seifried, Adam Mich., Canon. u. Vicar.	27	Dom.	s. Bd. VI.
— Trommendorf, Sebast.	30	Schweidnitz, Pfarr K.	Ezech. p. 38.
— Twarrsch, Georg, Pastor.	30	Hrieg, Pfarr K.	• p. 499.
— Wolff, Andr., Fürstenth.-Tag-Legat, und Frau	21	Jauer dito.	• p. 146.
— • Urs., geb. Schwartz.	21	dito. dito.	dito.
— Zedlitz, Anton v., auf Leippe.	25	Leipe, Kr. Jauer.	
1577. Bädner, Joh.	23	Elisab. K.	Inser. p. 115.
— Gigas, Magd., geb. Pfeilin.	30	Schweidnitz, Mar. K.	Ezech. p. 45.
— Holtzmann, David.	23	Bunzlau, Pfarr K.	Inser. p. 366.
• — Logau, Anna v., Kind.	30	Dittmannsdorf.	
— Reibnitz, Christof v. Hunde.	28	Wederau, Kr. Bolkenhain.	
— Reimann, Susanna.	19	Schweidnitz, Pfarr K.	Ezech. I. p. 16.
— Sauermann, Sebald à u. Jachschenau, u. Frau	23	Elisab. K.	Inser. p. 115.
• Anna, geb. Schilling, gest. 1595.	23	dito.	dito.
• — Saurma, Sebald, und Frau	26	dito.	Seidl. Samml. p. 11.
• Johanna, geb. Schillingin.	26	dito.	dito.
— Schellendorf, Nickel v.	27	Waldau, Kr. Liegnitz.	
• — Seidlitz, Dor. v., geb. Schindelin.	20	Pohlsdorf.	
— Spremberg, Joh. Dr., Physikus.	23	. . . .	Inser. p. 115.
— Stosch, Hedw., geb. Glaubitzen.	28	Gr. Tschirnau, Kr. Guhrau.	
• — Zedlitzin, Jungfrau Catharina v.	22	Wernersdorf.	
1578. Barth, Burckhardus, Schulkollege, Dichter.	21	Glatz, Pfarr K.	Ezech. p. 923.
— Barthel, Joh.	19	Schweidnitz, Pfarr K.	Ezech. I. p. 20.
— Barthel, Joh., Bürgermeister.	20	dito. dito.	• p. 26,27.
— Bock, Anna, geb. Reibnitzen v. Detzdorf.	24	Lobris, Kr. Jauer, kathol. K.	•
— • • •	25	dito. dito.	•
— Czeteris, Jungfrau Hedwigis.	16	Waldenburg.	
— Henningus, Joach.	23	Frankenstein, Kloster K.	Inser. p. 259.
— Klerer, Stanisl., Kloster-Präfekt, und Frau	21	Grüssau.	Ezech. p. 332

	Band.	Fund-Ort.	Quellen.
1578. Klerer, Ursula.	21	Grüssau.	Ezech. p. 339.
— Kreischelwitz, Jocheim, Kind.	30	Naselwitz, Kr. Nimptsch.	
— Nostitz, Nicol. L.	24	Lobris, Kr. Jauer.	Ahnensaal.
— Paul, Casp., Pastor.	22	Loewenberg.	Ezech. p. 335.
— Scholtz, Petrus, Senator, gest. 1604.	20	Schweidnitz, Pfarr K.	" p. 26/27.
— " Hans, Rathmann, gest. 1578.	20	Brieg dito.	" p. 480.
— " Barbara, gest. 1584.	20	dito. dito.	dito.
* — Zedlitz, Jungfrau Anna v.	22	Wernersdorf.	
*1579. Bidaw, Hans v., u. Gr. Pitterwitz auf Pohledorf.	20	Pohledorf.	
— Boegler, Sabina Theodora.	23	Striegau, Pfarr K.	Inscr. p. 381.
— Fischius, Christof, Pastor.	21	Münsterberg, Pfarr K.	Ezech. p. 856.
— Krannich, Simon, Rentschreiber.	20	Ohlau dito.	" p. 765.
— Lucan, Ambros.	20	Schweidnitz, dito.	" p. 37.
— Polei, Matth., Patrizier.	23	Magd. K.	Inscr. p. 140 b.
— Sachkirchen, Hedwigis, verh. W(aldau).	18	Nied. Herzogswaldau.	Act. Alterth. d. Vic.-Amtes
* — Zedlitz, Urs. v., geb. Bocken.	22	Wernersdorf.	
* — " George v., auf Klein Schwein.	26	Hochkirch.	
1580. Badzielowski, Albert, Vinzentiner.	24	Vinecuz K.	Seidl. Samml. p. 110.
— Ender, Chr., Stadt-Aeltester.	23	Loewenberg.	Inscr. p. 357 b.
— Habicht, Nic., Decanus, Canon.	21	Dom.	" p. 18 b.
— Henla, Georgius, parochus.	19	Riemertsheide, Kr. Neisse.	Act. Alterth. d. Vicar.-Amtes.
— Jauernick, vosa.	18	Lossen, Kr. Brieg.	dito.
— Kunitz, Anna v., geb. v. Koseritz.	27	Urschkau, Kr. Steinau.	
— Kessel, Laurent.	23	Mauritius K.	Inscr. p. 100 b.
— Pogrell, Jungfrau Anna v.	21	Lampersdorf.	Ezech. p. 1025.
* — Puschel, Marie v. Landeshut, Mädchen.	17	Hansdorf bei Hohenfriedeberg.	
— Rodewitz, Hel. v., Mädchen.	21	Bertheladorf Kr. Lauban.	
— Sehkopp, Georg v., v. Heinzendorf.	18	Heinzendorf bei Polkwitz.	
— Scholz in Lewenstein, Dr. Melch., und Frau.	18	Frankenstein.	
— Seywet, Andr., und Frau Anna.	23	dito. Pfarr K.	Inscr. p. 284.
— Weiskopf, Hans, Bildschnitzer, und Frau.	19	Brieg, Pfarr K.	Ezech. I. p. 425.
1581. Baudisius.	23	Oels, Sct. Joh. K.	Inscr. p. 257.
— Bock, Hans, auf Lobris u. Bertsdorf.	24	Lobris, Kr. Jauer, kathol. K.	
— " Hans, auf Lobris u. Bertsdorf.	25	Lobris, Kr. Jauer.	
* — Dohna, E. Syb. Gfin. v., geb. Ritterstein.	17	Stroppen.	
— Geisler, Nicol. v., Kind.	30	Adelsdorf, Kr. Hainau.	
* — Kreekwitz, ... v., Knabe.	19	Schosnitz bei Kanth.	
— Pogrell, Christof v.	21	Lampersdorf.	Ezech. p. 1025.
* — Puschin, Jungfrau Ennelein.	24	Hochkirch.	
— Rechenberg, Hans v. Grossenbohrau auf Schlawa.	19	Schlawe, Kr. Freystadt.	Act. Alterth. d. Vicar.-Amtes
— " Anna, geb. Glaubitz, u. Tochter.	19	dito. dito.	dito.
— Rodwitz, Peter v., auf Bertelsdorf.	21	Bertheladorf, Kr. Lauban.	
— Rokith, Simon, und Frau.	19	Brieg Pfarr K.	Ezech. I. p. 446.
— Rumbaum, Christophorus, gest. 1590.	22	Jauer.	" p. 154.
* — Sehkopp, Sigm. v., der Junger, auf Heinzendorf etc.	16	Heinzendorf bei Polkwitz.	
— Seelfleisch, Franciscus.	20	Schweidnitz, Nicol. K.	Ezech. p. 37.
* — Sebrer-Tasse, Valten, v. Nistitz.	17	Winzig.	
— Thymin, Dorothea.	22	Jauer.	Ezech. p. 154.
— Werner, Regina, Mädchen.	26	Langbelwigsdorf, Kr. Bolkenhain.	
* — Zedlitz, George v.	22	Wernersdorf.	
* — " Anna v., geb. Zetlitzin.	26	dito.	
1582. Calaminus, Georgius.	23	Neurode.	Inscr. p. 306.
— Diherin, Jungfrau Katharina.	23	Gr. Osten, Kr. Guhrau.	
— Frohenius, Seb., Senator.	22	Bunslau, Pfarr K.	Ezech. p. 2623.
— Gleinitz, Georg, Canon.	21	Dom, Aegidi K.	Inscr. p. 30.
— Gleiwitz, Georg, Vicar.	23	Kreuz K.	" p. 62.

Name	Band	Fund-Ort	Quellen
1332. Holtzerus, Lucas ab Holtitz.	21	Glatz, Pfarr K.	Ezech. p. 923.
— Lest, Marg. v., geb. Lossin.	24	Thamm.	
— Mandelius, Barth., Concionator.	23	Mathias K	Inser. p. 78 b.
— Nostitz, Wilh. de, a. d. H. Heidersdorf.	24	Lohris, Kr. Jauer.	Abneusaal.
— Raveh, Jungfrau Helena.	21	Lampersdorf.	Ezech. p. 1027.
— Salez, Joh. v., Knabe.	22	Kunzendorf, Kr. Löwenberg.	
— Schindler, Andreas.	23	Frankenstein, Pfarr K.	Inser. p. 285.
— Schröer, Henricus.	23	dito. dito.	• p. 235 b.
• — Seidlitz, Anna v., geb. Schindelin.	21	Gros Mohnau.	
— Stosch, Laslaw v., auf Grossen Tschirnaw.	19	Gr. Tschirnau, Kr. Gubrau.	Act. Alterth. d. Vic.-Amtes.
— Derselbe.	28	dito. dito.	
— Waldaw, Bernh. v., und Altenwasser.	20	Damsdorf, Kr. Striegau.	
*1583. Borschnitz, Magd. v., geb. Hubrichen.	17	Rohnstock.	
— • Magd. v., geb. Hubrigen.	24	Rohnstock, Kr. Bolkenhain.	
— Falegkenhan, Rebeogka v.	27	Bienowitz, Kr. Liegnitz.	
— Frankenstein, Cath., geb. Gebauer.	18	Frankenstein.	
— Hohberg, Jungfrau Eva v.	21	• Pfarr K.	Ezech. p. 846
— Kalckreuter, Adam v., Kind.	21	Bertheisdorf, Kr. Lauban.	
— Nimpts, Dipprant, der jüngere, zu Steffenshan.	17	Stephanshayn, Kr. Schweidnitz.	
• — Niptsch, Dippr., der Jüngere.	22	bei Zobten.	
— Pannewicz, Leohart v., zu Schildern.	27	Bienowitz, Kr. Liegnitz.	
— Popschütz, Marg. v., geb. Nostitin.	19	Poppschütz, Kr. Freistadt.	Act. Alterth. d. Vicar.-Amtes.
— Rockeln, Frau Catharina v.	19	Ober Küpper, Kr. Sagan.	dito
— Saltza, Jungfr. Sibilla v.	21	Kunzendorf, Kr. Löwenberg.	
— Schwanenberg, Elias, Abt.	23	Breslau, Mar. virg. K.	Inser. p. 68 b.
— Sealtetus, Joan., Diakonus u. Sohn, gest. 1582.	21	Reichenbach.	Ezech. p. 327.
— Stwollinski, Hans v. Steindorf a. Frau	19	Reichen, Kr. Namslau.	
— • Hedw., geb. Schliben.	19	dito. dito.	
• — • Hans v. Steinsdorf und Frau	21	dito.	
— • Hedw., geb. Schlieben.	21	dito.	
— Srevus, Elisabeth.	22	Loewenberg.	Ezech. p. 23??
— Uthmann, Ros., verh. Kober.	23	Glatz, Pfarr K.	Inser. p. 294.
1584. Bock, Sigm., Kind.	25	Hermsdorf, Kr. Hainau.	
— Gotsche, Magd., geb. Gotschin.	21	Greiffenberg.	
• — Hoberg, Conr. v., der jünger, auf Rohnstock, u. Frau	17	Rohnstock.	
— • Hedwig, geb. Waldin.	17	dito.	
— Hoberg, Conr. d. Junger, zum Rohnstock, u. Frau	26	dito. Kr. Bolkenhain.	
— • Hedw., geb. Waldin v. Struse.	26	dito. dito.	
— Kober, David, auf Ober u. Nied. Hansdorf.	23	Glatz, Pfarr K.	Inser. p. 234.
— Kreutzbrigh, Nickel, Rathsfreund.	20	Brieg. dito.	Ezech. p. 501.
— Lessotha, Katarina, geb. Glaubitz.	26	Rothkirch, Kr. Liegnitz.	
— Lucanus, Martha.	19	Schweidnitz, Pfarr K.	Ezech. I. p. 15.
— Nimptsch, Dipprant, zu Steffenshan.	16	Stephanshain, Kr. Schweidnitz.	
— • ...... zu Stoffanshan, und Frau	19	dito. dito.	Act. Alterth. d. Vicar.-Amtes.
— • Marg., geb. Seidlitzin, gest. 15··	19	dito. dito.	dito.
— Nimpschütz, Jungfrau Ursula.	14	Nied. Hertwigswaldau.	dito.
• — Nimptsch, Dipprant, auf Steffenshan.	22	Stephanshain.	
— Pückler v. Groditz, Casp., u. Balth. 1591.	18	Kujau, Kr. Neustadt.	Act. Alterth. d. Vicar.-Amtes.
• — • Caspar v., auf Lugau.	21	Schedlau.	
— Reuffel, Hanns, Rathsfreund.	20	Brieg, Pfarr K.	Ezech. p. 503.
— Roericht, Mart., Canon., J. U. Dr.	21	Dom.	Inser. p. 19 b.
— Rothkirch, Wenzel, und Buschen, Anna.	27	Heinersdorf, Kr. Liegnitz.	
• — Rottkirch, Frau Barb., verb. ······	16	Heinersdorf bei Stroppen.	
• — Schindel, Heinr. v. Nadewitz und Frau	19	Schnonitz bei Kauth.	
— • Hedw., geb. Nimpschin, gest. 15··	13	dito dito.	
— Schoff Gotsche, gen Hans v. Kinast auf Kemnitz.	22	Greiffenberg.	

	Band	Fund-Ort	Quellen.
1584. Schuff Gutsche, Christof v. Kinast auf Kemnitz.	22	Greiffenberg.	
— , Haus Ulrich.	22	dito.	
— Schultz, Melch. u. Frau	21	Frankenstein, Pfarr K.	Excch. p. 673.
— , Sab., geb. Ortlobiana.	21	dito. dito.	dito.
— Tschammer-Osten, Adam v.	23	Gr. Osten, Kr. Guhrau.	
.... , Wulffhum auf der Niebe, u. Fr.	23	dito. dito.	
1584. Zedlitz, ...	23	Zohten, Kr. Löwenberg.	
1585. Cromer, Ant. Petrus, Priester von Crazau.	20	Schweidnitz, Nic. K.	Excch. p. 61.
— , Antonius, Pfarrer.	20	dito. dito.	dito.
— Fruelich, Martha, geb. Schroeter.	23	Landeck.	Inser. p. 307.
— Gerlach, Melch.	22	Bunzlau, Pfarr K.	Excch. p. 259.
— Gniser, Georg, deutscher Schulhalter.	20	Striegau.	
— , Georg.	23	Kloster K.	Inser. p. 383 b.
— Henrici, Anna, verh. Walther.	23	Frankenstein.	p. 289.
— Herdom, Joh., Pastor.	23	Trebnitz.	p. 368 b.
— Hilwig, Matth., Schulrektor.	22	Bunzlau, Pfarr K.	Excch. p. 260.
— Hoppius, Christophorus.	23	Loewenberg.	Inser. p. 359 b.
— Isingius, Martin, Kind.	23	Halwelschwerd, Pfarr K.	p. 302 b.
— Juritius, Georgius, Vice-Dechant.	24	Kreuz K.	Seidl. Samml. p. 87 b.
— Koher, Tobias, Dr., Physikus.	22	Löwenberg, Pfarr K.	Excch. p. 226.
— Kosel, Jos., Diakonus u. Frau, an der Pest, gest.	23	Trebnitz.	Inser. p. 268 b.
— Lest, Georg v., zu Thana.	24	Thanna.	
— Namsler, Seb., Kollege.	22	Bunzlau, Pfarr K.	Excch. p. 260.
— Richter, Paul Adam, Kind.	23	Vincenz K.	Inser. p. 77 b.
— Ronsberg, Josua v., und Dirschkowitz.	19	Peterswalde, Kr. Reichenbarb.	Act. Alterth. d. Vicar-Amten.
— Ruchamer, Andr., Jüngling.	23	Catharinen K.	Inser. p. 100.
— Schofgotsche, Magd., geb. Czedlitzin.	23	Greiffenberg, Kr. Löwenberg.	
— Scholtz, Maria, des Predigers Kind.	17	Reichenbach.	
— Süssenbach, Joh., Pastor u. Frau.	23	Kreuzelstii.	Inser. p. 215.
— , Johanna.	23	Bunzlau, Pfarr S.	p. 369.
— Suevius, Caspar, Ludi magister.	22	Loewenberg.	
— Sevus, Casp., Syndikus.	21	Pfarr K.	Excch. p. 239.
— Thomas, Anna, Bürgermeisterin.	20	Brieg Pfarr K.	p. 502/4.
— Tschammer-Osten, Anna, geb. Sinschin.	23	Gr. Osten, Kr. Guhrau.	
15·· , a. Niebe, Czarau.	23	dito. dito.	
*1585. Tschirnhaus, Frdr. v., auf Ob. Baumgarten.	16	Baumgarten.	Inser. p. 84 b.
1586. Budraentzky, Nic., Dr. theol. Canon.	22	Dom.	p. 58.
— Cyrus, Joh., Abt.	22	Sct. Vincenz.	
* — Dihren, Franz zu Altenwasser.	26	Hochkirch bei Glogau.	
— Hoberg (Rohnstock), Barb., geb. Zedlitz.	18	Wirrwitz.	Act. Alterth. d. Vicar-Amten.
— Kreckwitz v., v. Birchsdorf.	28	Gr. Osten, Kr. Guhrau.	
1586/7. Lahse, G. Heinr., und Anna Agnes, Kinder.	26	dito. dito.	
1586. Langius, Melch., Bürgermeister.	20	Schweidnitz, Pfarr K.	Excch. p. 39.
— Martinus, Abt.	23	Breslau, Mar. virg. K.	Inser. p. 63 b.
— Nicolaus, Abt.	18	Heinrichau.	Act. Alterth. d. Vicar-Amten.
— Popschütz, Hans v., auf Falkenau.	18	Falkenau, Kr. Grotthau.	dito.
— Reder, Graf, und Gemahlin.	18	Krappitz.	dito.
— Reif, Gregor, Cons., Senat., Notar.	21	Frankenstein, Pfarr K.	Excch. p. 673.
— Rothhirch, Anna v., geb.	27	Heinersdorf, Kr. Liegnitz.	*
— Sack, Magd. v., Kind. (Raschütz u. Stefsdorf.)	16	Hohen Poseritz, Kr. Schweidnitz.	
— Salzza, Elis. v., geb. Roderin.	22	Kunzendorf, Kr. Loewenberg.	
— Schellendorf, Elena v.	18	Hartmannsdorf, Kr. Sagan.	
— Schilder, Jac., Senator.	22	Hirschberg, Pfarr K.	Excch. p. 289.
— Tscherningius, Jos., Senator.	21	Bunzlau, Pfarr K.	p. 260.
— Venetus, Jeremias, Notar.	23	Elisab. K.	Inser. p. 116.
— Zacher, Christopher., Senior.	22	Münsterberg, Pfarr K.	Excch. p. 657.

	Band.	Fund-Ort.	Quellen.
*1586. Zetlitz, Anna v., Kind.	25	Wernersdorf.	
1587. Baudisius, Jac., Senior.	23	Barbara K.	Inser. p. 164.
— Bock, Jungfrau Anna.	26	Hermsdorf, Kr. Hainau.	
— Bredel, Heinr., an der Wiesen.	26	Bolkenhain.	
— Falkenhain, Hans vom Kuchelberge, auf Giersdch.	18	Schosnitz, Kr. Breslau.	Act. Alterth. d. Vicar.-Amtes.
*— · dito. und	12	dito. dito.	
— · Hedw., geb. Bonwitzin, gest. ····	19	dito. dito.	
*— Gebhard, Balth., Prediger.	17	Winzig.	
— Haubitz, Hans v., vom Hizen auf Liebichaw.	23	Gr. Osten, Kr. Guhrau.	
— · Cath., geb. Tschammer, Witwe des Christ. v. H.	24	dito. dito.	
— Hensler, Baltzer, Stiftsverwalter, und	20	Brieg, Pfarr K.	Ezech. p. 459.
— · Hedwig, seine Frau.	20	dito. dito.	dito.
— Hubel, Philipp, Bürgermeister.	15	Kueben, Kr. Steinau.	Act. Alterth. d. Vicar.-Amtes.
— Jonas, Casp., Kfm.	23	Bunzlau, Pfarr K.	Inser. p. 367.
— Koppelins, Jac., Senior.	21	Striegau, dito.	Ezech. p. 302.
— Koschwicins, Casp., Prätors Sohn und Tochter.	23	Habelschwerdt, Pfarr K.	Inser. p. 303.
— Kottwitz, George v., Bürgermeister.	27	Koeben, Kr. Steinau.	
— Morenberg, Joh., Senior, in Banthowiez.	23	Elisab. K.	Inser. p. 116b.
— Radeckerus, Casp., Pastor.	21	Loewenberg, Pfarr K.	Ezech. p. 226.
— Rhedinger, Nic., in Striese, Schedlitz u. Zedlitz.	23	Elisab. K.	Inser. p. 115b.
— Sack, Anna v., geb. Schindel (Ratschütz u. Steffsdorf).	17	Hohen Poseritz, Kr. Schweidnitz.	
— · Frau v. Ratschütz und Tochter Magdalena.	19	dito. dito.	Act. Alterth. d. Vicar.-Amtes.
*— · Anna v., geb. Schindelin.	27	dito.	
— Salesa, Nickel v., der Junger, zum Bunzelau.	22	Kunzendorf, Kr. Löwenberg.	
— Scepsius, Hedwig.	19	Schweidnitz, Pfarr K.	Ezech. l. p. 17.
— Scheindorf, Elisab. v., Kind.	30	Woitsdorf, Kr. Hainau.	
*— Schkopp, Anna geb. Bockin, von Lobris.	16	Heinzendorf bei Polkwitz.	
— Stibytz, Alex. v., Kind.	30	Steinsdorf, Kr. Hainau.	
*1588. Brieger, Joh., Mgr.	24	Dom. Gr. Glogau.	
— Briegern, Johannes, Markgraf. Getödtet.	13	dito.	Act. Alterth. d. Vicar.-Amtes.
— · Joh., Canon.	26	dito.	
— Gerstmann, Helene.	23	Banzlau, Pfarr K.	Inser. p. 368b.
— Ilmer, Petrus, junior.	23	H.M. Jungfrauen K.	· p. 167b.
— Kanitz, V. Elias v., Sohn.	27	Urschkau, Kr. Steinau.	
— Logy, Frau Margareta.	23	Christophori K.	Inser. p. 168.
— Neudecker, Joh., Diakonus.	22	Münsterberg, Pfarr K.	Ezech. p. 857.
— Niebelschütz, Jungfrau Anna v.	24	Kauder, Kr. Bolkenhain.	
— Nostitz, Hertricus d, u. d. H. Noes.	24	Lobris, Kr. Jauer.	Ahnensaal.
— Ottomann, Magd. v., verh. Belloforus, Apothek.	23	Glatz, Pfarr K.	Inser. p. 297.
*— Pauwitz, Hans v., und Meehwitz auf Pogrell.	30	Pogrell.	
— · Urs. v., geb. Mollin.	27	Mühlrädlitz, Kr. Löben.	
*— Reichenbach, Fab. v., und Rudelsdorf auf Hartmannsdorf.	26	Hartmannsdorf.	
— · Cath. v., geb. v. Hochberg-Fürstenstein.	26	dito.	
— Schellendorf, Barth. v., auf Fellersdorf zum Buchwalde.	27	Waldau, Kr. Liegnitz.	
— Schweinichen, Kath., geb. Reibnitzen.	26	Wederau, Kr. Bolkenhain.	
— Seybeth, Hans. Geblieben.	21	Frankenstein, Pfarr K.	Ezech. p. 845.
— Tetschan, Metzens, Jungfrau Anna.	13	Nied. Hertwigswaldau.	Act. Alterth. d. Vicar.-Amtes.
— Thuringus, Salomon.	19	Schweidnitz, Pfarr K.	Ezech. l. p. 13.
*— Tschirnhaus, Dor., geb. Zedlitz (Nd. Baumgarten).	16	Baumgarten, Kr. Bolkenhain.	
— Wolffersdorf, Anna v., geb. Tunklin v. Baunsdorf.	30	Wolfsdorf, Kr. Hainau.	
— Zedlitz, Jungfrau Ursula.	24	Schweinhaus, Kr. Bolkenhain.	
*1589. Busowy, Elis. v., geb. Habergin.	23	Bresa.	
*— Dieres, Jungfrau Barbara.	21	Stephansdorf.	
— Dyhrn, Melch. v., zum Köllnichen u. Sabor.	19	Liebenzig, Kr. Freistadt.	Act. Alterth. d. Vicar.-Amtes.

	Band.	Fund-Ort.	Quellen.
1589. Gellhorn, Eva, geb. Login, a. d. H. Rosenthal.	21	Queitsch, Kr. Schweidnitz.	
● — ● Eva v., geb. Login.	22	dito.	
— Georg Ernst, Kors. in Schles., Liegn., Brieg, Kind.	21	Ohlau, Pfarr K.	Eзech. p. 797.
— Mering. Joachim.	19	Schweidnitz, Pfarr K.	● I. p. 18.
— Hof. Sehnorbein, Martin v. Getödtet.	16	Ingramsdorf, Kr. Schweidnitz.	
— Jeressleben, v.	29	Schalkau. Kr. Breslau.	
— Kirsten, Hanns, Rathsfreund.	20	Brieg, Pfarr K.	Eзech. p. 502.
— Lachnit, Martin, Canon.	21	Dom.	Inscr. p. 19 b.
— Loss, Elena, geb. Bocken.	24	Polkwitz, kathol. K.	
— Ludwieensi, Margar. v., Aebtissin.	23	Trebnitz.	Inscr. p. 266 b.
— Nagel, Martin.	23	Magd. K.	● p. 149 b.
— Niebelschütz, Siegm., Kind.	25	Kauder, Kr. Bolkenhain.	
— Orpischewsky, Valent., Prälat.	24	Oltaschin.	
— Pannawitz, Rebeeqka, geb. v. Falkenhain.	27	Bienowitz, Kr. Liegnitz.	
— Pelargus, Agnete.	19	Schweidnitz, Pfarr K.	Eзech. I. p. 19.
— Schellendorf, Hans v., und Lerten.	18	Hartmannsdorf, Kr. Sagan.	Act. Alterth. d. Vicar.-Amtes.
— Schweinitz. Anna v., geb. Niebelschitzin, gest. 158‧	37	Mühlrädlitz, Kr. Lüben.	
— Stosch, Balth. v., auf Gr. Tschirnaw.	38	Gr. Tschirnaw, Kr. Guhrau.	
— Wachtel, H. Chr. v., von Panthenaw u. Herzogswalde. Ermordet.	20	Ohlau, Pfarr K.	Eзech. p. 746.
1590. Albertus, Paulus, Dr. theol., Canon.	21	Dom.	Inscr. p. 20 b.
— Boehm, Jerem., Ocls. Rath.	23	Magd. K.	● p. 141.
— Cornius, Joh. Comes, Canon.	21	Dom.	● p. 20 b.
— Cosmus, Joh., Canon.	24	dito.	Seidl. Samml. p. 74 b.
— Delborn, Bernh. v.	20	Ohlau, Pfarr K.	Eзech. p. 764.
● — Falkenhain, Florian v., auf Gloschkau.	25	Gloschkau bei Dyhrnfurth.	
— Gesnerus, Balth., Diakonus.	21	Hirschberg. Pfarr K.	Eзech. p. 202.
— Hanin, Martha, verh. Bernitius.	23	Mar. virg. K.	Inscr. p. 69 b.
— Helmeriens, Joh., Professor, u. seine drei Kinder.	29	Goldberg.	
— Khal, Georg, U. J. Dr. auf Schwarzbach u. Sodrich.	23	Hirschberg.	Inscr. p. 375.
— Kurtzbach, Heinr., Frhr. v. Trachenberg.	25	Praussitz.	Seidl. Samml. p. 185 b.
— Lestwitz, Jungfrau Margareta.	28	Gr. Osten, Kr. Guhrau.	
— Moscyska, Meleh. de, Dr. theol, Prior provincial.	20	Schweidnitz, hl. Kreuz K.	Eзech. p. 57.
— Nostitz, Joh. d. ä. d. H. Noes.	24	Lobris, Kr. Jauer.	Ahnensaal.
— Otto, Nie., Hospital-Vorsteher.	22	Set. Mathias.	Inscr. p. 79 b.
— ● Nie., dergl.	23	Mathias K.	● p. 79.
— Peterswaldt, Sigm. v.	19	Peterswaldau, Kr. Reichenbach.	Act. Alterth. d. Vicar.-Amtes.
● — Pückler (?), Hans.	25	Schedlau.	
● — Reinbaben, und Kandel, Peters v., Töchterlein.	18	Hartmannsdorf, Kr. Sagan.	Act. Alterth. d. Vicar.-Amtes.
— ● Hans Jorge, Kind.	18	dito. dito.	
● — Schweitzer, Abraham's, drei Kinder.		Brieg, evang. K.	
— Stössel, Dor. v., geb. Lutwitzin v. d. Beutel.	28	Schabenau, Kr. Guhrau.	
— Tappur, Heinr. v., gen. Victor.	30	Darmsdorf, Kr. Striegau.	
— Thomas, Hanns, des Raths, und Frau	20	Brieg, Pfarr.	Eзech. p. 493.
— ● Barbara, geb. Kuschin.	20	dito. dito.	dito.
— ● Hans, des Raths.	20	dito. dito.	Eзech. p. 499.
1591. Albinus, Adrian, J. U. Dr., und Frau	22	Lauban.	
— ● geb. Wigand.	22	dito.	
— Blowska, Anna. fol. 279.	23	. . . .	Inscr. p. 433 b.
— Christel, Valentin.	23	Eliasb. K.	● p. 117 b.
— Czettritz, Fräulein Ursula.	17	Waldenburg.	
— Goobe, Anna v., geb. Darwitzin.	21	Ohlau, Pfarr K.	Eзech. p. 734.
— Kanitz u. Dallwitz, Elias v., auf Finchbach.	27	Ursehkau, Kr. Steinau.	
— ● ● ● Elias dergl.	27	dito. dito.	
— Koschtitzky, Joh. de Koschticz.	25	Leblinitz.	Seidl. Samml. p. 186.

IV.

	Band	Fund-Ort.	Quelle.
*1391. Linbieah, Joannes, Can.	27	Dom.	Siehe Bd. VI.
— Matern, Hans, und erste Frau Gertrudt, gest. 1545.	30	Kl. Kniegnitz, Kr. Nimptsch.	
— Matthesius, Henricus.	21	Hirschberg, Pfarr K.	Ezech. p. 290.
— Neumeister, Joh.	19	Schweidnitz, Pfarr K.	. I. p. 20.
* — Pückler-Graedits, Balth., auf Falkenberg, Logau. und Frau	24	Schedlau.	
* — Pohena, geb. Nechten.	24	dito.	
— Rauch, Laala von Tarnau.	30	Reichenstein, Pfarr K.	Ezech. p. 713.
— Schindel, Frdr. v. Parradorf auf Hermsdorf.	23	Hermsdorf, Kr. Hainau.	
* — Seultetus, Georg, Dompropst.	24	Dom. Gr. Glogau.	
— Georgius, praepos. eccl. et Concionator.	26	Glogau.	
— Stabenau u. Wuldenbergh, Mich. v.	30	Lehnhaus, Kr. Löwenberg.	
— Steinbach, Joh., Dr. med., Physikus.	22	Jauer.	Ezech. p. 153.
— Stosch, Ros. v., geb. Reibnitzin.	18	Ohlau.	
— desgl.	30	Pfarr K.	Ezech. p. 741.
— Stubner, Justina, Kind.	30	Rogau, Kr. Schweidnitz.	
— Tilisch, Balth., Kaiserl. Rath.	23	Magd. K.	Inscr. p. 141.
— Trommendorf, Martin de Buntzelwitz.	19	Schweidnitz, Pfarr K.	Execuh. I. p. 19.
— Zedlitz, Magd. v., geb. Schellendorffin.	29	Zobten, Kr. Löwenberg.	
— Zettritz u. Neuhaus, Sigm. v.	28	dito.	
*1392. Braunis, Barb., geb. Schkopp, Bar. v. Wartenberg.	16	Heinzendorf bei Polkwitz.	
— Cranlidt, Cunese von der.	22	Dom.	Inscr. p. 46.
* — Diebitsch, Ernst v., auf Liebenau.	28	Liebenau.	
* — George, Kind.	28	dito.	
— Eichhaeuser, Stanislaus.	23	Magd. K.	Inscr. p. 142.
— Guldnerus, Christof, Consul.	21	Glatz, Pfarr K.	Ezech. p. 925.
* — Haunold, Eva v., Kind.	28	Bresa.	
— Loous, Adam v., auf Simbsen.	19	Gramschütz, Kr. Glogau.	Act. Alterth. d. Vicar.-Amtes.
— Mallesehlich, v., geb. Schkoppen.	27	Mühlrädlitz, Kr. Löben.	
— Mioska, Seb., Vicar. et Mansionarius.	23	Kreuz K.	Inscr. p. 62.
— Mol (Mohl?), Ladimila v., Kind.	30	Domsdorf, Kr. Striegau.	
— Polo v. Born, Caspar, Pastor.	28	Goldberg.	
— Preusensin, Jerem., Biergeld-Ob.-Einneh. u. Frau	21	Ohlau, Pfarr K.	Ezech. p. 783.
— Anna, gest. 1608.	21	dito. dito.	dito.
— Salesau, Melcher v., Kind.	22	Kunzendorf, Kr. Löwenberg.	
— Scheladorf, Georg v., auf Straupitz.	27	Straupitz, Kr. Hainau.	
— Scholtz, Laurent., phil. et med. Dr.	24	Magd. K.	Seidl. Samml. p. 103.
— Seidel, Petrus, Bürgermeister, und Familie.	18	Ohlau.	
— Ursinus, Joh.	23	Waldau.	Inscr. p. 232 b.
— Ymilawska, Anna v., Aebtissin.	23	Trebnitz.	. p. 266 b.
1393. Bartsch, Sebast.	23	Frankenstein, Pfarr K.	. p. 267 b.
— Boch, Frdr. v., und seine beiden Frauen:	19	Habendorf, Kr. Frankenstein.	Act. Alterth. d. Vicar.-Amtes.
— Sibylla, geb. v. Nimptsch, gest. 1575.	19	dito. dito.	dito.
— Emerentia, geb. Bermspergin, gest. 1617.	19	dito. dito.	dito.
— Elogius, Casp., Pastor.	21	Habelschwerdt, Pfarr K.	Ezech. p. 953.
— Fleischer, Joh., Pastor.	23	Elisab. K.	Inscr. p. 106 b.
— Joh., Dr. theol., und seine Frauen:	24	dito.	Seidl. Samml. p. 24 b.
— Anna, geb. Georgio, und	24	dito.	dito.
— Elis., geb. Trostin.	24	dito.	dito.
— Gerber, Martin, Knabe.	22	Dunzlau, Pfarr K.	Ezech. p. 861.
— Gfug, Adam.	23	Brieg.	Inscr. p. 419 b.
— Herrmann, Mich., Senior.	23	Magd. K.	. p. 144.
— Heugel, Seb. de Polockwitz in Bettlern.	23	Elisab. K.	. p. 124.
— Huberg, Math. Kund v.	28	Goldberg.	
— Jentsch, Melch., Pfarrer.	23	Mauritius K.	Inscr. p. 100 b.
* — Magnus, Apleb, gen. Hedw., gb. Wotiesen (Petersdrf.)	17	Löben.	

	Band.	Fund-Ort	Quelle.
1583. Mencel, Stanislaus.	19	Schweidnitz, Pfarr K.	Ezech. I. p. 21.
— Pauli, Gebhardus, Senator.	21	Habelschwerdt dito.	. p. 355.
— Peterswald, Hans, der Aeltere, und Frau	19	Peterswalde, Kr. Reichenbach.	Act. Alterth. d. Vicar.-Amten.
— . Sus., geb. Reusbergin.	19	dito. dito.	dito.
— Poppel, Leop., Frhr. v. Lobkowitz, Prior d. Malthen.	23	Striegau, Kloster K.	Inscr. p. 384.
— Rechenberg, Christof v., Jüngling.	27	Panthenau, Kr. Hainau.	
— Rosemann, Casp., Ecclesiast.	23	Bernhardin K.	Inscr. p. 156 b.
— Rossmann, Casp., Pastor.	23	dito.	Seidl. Samml. p. 120 b.
*— Schirr, Wenzel v., auf Tscheitzern.	16	Ober-Gläsersdorf.	
— Schwenckfeld, Dan., Kind.	23	Hirschberg.	Inscr. p. 374 b.
— Sturm, Martin.	21	Glatz, Acusa. d. Pfarr K.	Ezech. p. 930.
— Sylvana, Frau Dorothea.	23	. . . .	Inscr. p. 430.
— Thebisch, Nicol., Apotheker.	19	Schweidnitz, Pfarr K.	Ezech. I. p. 30.
— Tileslus, Melch.	23	Brieg.	Inscr. p. 419 b.
— Tschesch, Barb. v., geb. Seidlitzen.	20	Ohlau, Pfarr K.	Ezech. p. 745.
— Wincler, Elis., verh. Reimann.	23	Elisabet K.	Inscr. p. 124.
1584. Chitner, Ursula, Kind.	18	Ohlau.	
*— Gelhorn, Anna v., geb. Seidleria.	22	Queitsch.	
— Goebel, Georg. Notar, u. Frau Ursula, gest. 1595.	23	Landeck.	Inscr. p. 307 b.
*— Hoberg, Conr. v., aufm Runstocks, und Frau	17	Bohnstock.	
— . Marg., geb. Branchitsch.	17	dito.	
— Hobrigen (Hoberg), Jungfrau Barbara.	18	Wirrwitz.	Act. Alterth. d. Vicar.-Amten.
— Hochberg, Conr. v., aufm Runstocks, und Frau	26	Rohnstoel, Kr. Bolkenhain.	
— . Marg., geb. Branchitzin.	26	dito. dito.	
*— Hundern, und Tscheneben v.	17	Wintzig.	
— Kanitz, Hans v., a. d. H. Debbahn.	19	Oh. Stephansdorf, Kr. Neumarkt.	Act. Alterth. d. Vicar.-Amten.
*— . Hans v., auf Steffansdorf und Frau	21	Stephansdorf.	
— . Barb., geb. Schladelin.	21	dito.	
— Kittlitz, Hans Frdr. v., Kind.	21	Ohlau, Pfarr K.	Ezech. p. 793.
*— Lest, H. v.	26	Thamm.	
— Looss, Urs., geb. Saekin von Drogelwitz.	19	Gramschütz, Kr. Glogau.	Act. Alterth. d. Vicar.-Amten.
— Maphraedus, Thomas, Pastor.	23	Gronowitz.	Inscr. p. 236.
— Mühlheimb, Sigm. v., auf Lahsen u. Groselgot.	16	Striegau.	
*— Pauli, Ursula, Kind.	20	Ohlau.	
— Piscator, Andr. de regul., Canon. ordine.	23	Mar. virg. K.	Inscr. p. 69 b.
— Purutzky, Sigm. a. Puruschen.	23	Trebnitz.	. p. 269.
— Rechenberg, Georg v.	27	Panthenau, Kr. Hainau.	
— Reybuitz, Hedw., geb. Schellendorffin.	25	Wederau, Kr. Bolkenhain.	
— Salmus, Vinc., Canon.	24	Kreuz K.	Seidl. Samml. p. 83 b.
— Schindel, Anna v., geb. Saltzin, Gem. Frdr. v. Sch.	28	Hermsdorf, Kr. Hainau.	
— Stosch, Abr. v., und Schwartzau, auf Bynern.	26	Gr. Osten, Kr. Guhrau.	
*1555. Dihren, Ernst v., v. Altwasser zum Totzlaw.	26	Hochkirch.	
*— . Frau H., geb.	26	dito.	Act. Alterth. d. Vicar.-Amten.
— Gaffron, Mariane v., Kind.	19	Gramschütz, Kr. Namslau.	Act. Alterth. d. Vicar.-Amten.
— Gerstmann, Vinc., Senator.	21	Bunzlau, Pfarr K.	Ezech. p. 261.
— Henricus, Urs., geb. Gigas.	20	Schweidnitz, Mar. K.	. p. 47.
— Krumbhorn, Adam, Kind.	23	Reichenau.	Inscr. p. 391.
*— Minkenaw, Hans v., auf behmograu.	21	Schmograu.	
*— Niemitz, Christof v., Knabe.	20	Gross Peterwitz.	
*— Panwitz, Krisolida v., geb. v. Pogrell.	30	Pogarell.	
— Rehdinger, Adam, des Raths.	26	Elisab. K.	Seidl. Samml. p. 27.
— . Corona, geb. Frentzlin, gest. 1579.	26	dito.	dito.
— Reibnitz, Hel., geb. Zedlitz-Siebneiche.	26	Girlachsdorf, Kr. Bolkenhain.	
— Reimann, Paul, Consul.	19	Schweidnitz, Pfarr K.	Ezech. I. p. 21.
— Rühnbaum, Caspar.	23	Striegau, dito.	Inscr. p. 580.
*— Sack, Assmann v., Kind.	20	Stephansdorf.	

	Band	Fund-Ort	Quellen
*1595. Saurma-Jeltsch, Barb., geb. Hundin.	21	Lornzendorf.	
— Schellendorf, Cath. v., geb. Bieberin, a. d. II. Model.	27	Waldau, Kr. Liegnitz.	
— Schkopp, Magd. v., geb. Zettlitzin.	18	Heinzendorf bei Polckwitz.	
* — Schmidt, Frdr., des Raths.	26	Elisab. K.	Seidl. Samml. p. 16.
— . Kath., geb. Bütthnerin.	26	dito.	dito.
— Stoeckel, Jungfrau Elisabeth.	33	Glatz, Pfarrk.	Inscr. p. 295 b.
— Stosch, Hedwig, Kind.	25	Winzig.	
— Tauer, Ernst v., v. Rossteradorf.	27	Ramdten, Kr. Steinau.	
— Zedlitz, Hedw. v., geb. Warnstdorfin.	29	Zobten, Kr. Löwenberg.	
1596. Antonius, Abt zu Camenz.	21	Camenz, Kloster.	Ezech. p. 803.
— Davidis, Euphemia, verh. Teucher.	23	Mar. virg. K.	Inscr. p. 71 b.
— Faber, Joh., Physikus und Medikus.	22	Frankenstein, Kloster K.	Ezech. p. 880.
— Falkenhan, Oswald v.	29	Rietschütz, Kr. Glogau.	
— Fischer, Joh.	23	Magd. K.	Inscr. p. 142.
— Fleischer, Il. Hans, des Raths, und Frau	29	Goldberg.	
— . Elis., geb. Beyerin, gest. 1602.	29	dito.	
— Freund, Joh., Dr.	20	Schweidnitz, Pfarr K.	Ezech.
— Greiffenstein, Andr., J. U. Dr.	21	Glatz, dito.	. p. 9267.
— Habicht, Nic., Canon.	22	Dom.	Inscr. p. 21.
— Lascherus, Georg, Pastor.	21	Münsterberg, Pfarr K.	Ezech. p. 358.
— Netz, Hedw., geb. Bedawin (u. Historisches).	19	Langenbielau, Kr. Reichenbach.	Act. Alterth. d. Vicar.-Amtes.
— Qveschwitz, Joh., Abt.	22	Sct. Vincent.	Inscr. p. 83 b.
— Rachitz, Koslowski v. Koslaw, Paul auf Piochotzitz.	18	Zölz.	
— Rauch, Hans v., auf Tarnau.	20	Reichenstein, Pfarr K.	Ezech. p. 713.
— Reibnitz, u. Rathen, Hans v., auf Bischwitz und Petrikaw.	18	Wirrwitz.	Act. Alterth. d. Vicar.-Amtes.
— . Günzzel v., auf Wederau.	26	Wederau, Kr. Bolkenhain.	
— Sauer, Mich., Diakonus.	22	Bunzlau, Pfarr K.	Ezech. p. 862.
— Schellendorf, Hesse v., geb. Ziernhausen.	18	Hartmannsdorf, Kr. Sagan.	Act. Alterth. d. Vicar.-Amtes.
* — Schofgotsch, Ulrich v., Kind.	22	Reussendorf.	
— Scops, Daniel, Kind.	20	Schweidnitz, Pfarr K.	Ezech. I. p. 21.
— Teichmann, Sal., Dr. med. et phil.	22	Loewenberg, dito.	. p. 2267.
— Tilin, Joh., Consul.	21	Frankenstein, Kloster K.	Ezech. p. 881.
* — Tschirnhaus, Sigm. v., auf Ob. Baumgarten.	16	Baumgarten.	
— Tschischwitz, Bernh. v. Gebersdorf u. Frau	18	Frankenstein.	
— . Eva, geb. Hofschnorbein, gest. 1593.	18	dito.	
— Walther, Simon, Senator, und Frau	21	Münsterberg, Pfarr K.	Ezech. p. 358.
— . Marg., geb. Hasiac.	21	dito. dito.	dito.
— Wexker, Mich., Diskantist.	23	Vincenz K.	Inscr. p. 69.
1597. Ecken, Dor. v., geb. Schindeln.	20	Damsdorf, Kr. Striegau.	
* — Frobelwitz, Eva v., Kind.	17	Winzig.	
— . Frdr. v., Kind, gest. 1610.	17	Stroppen.	
— Galliculus, Theod., Diakonus.	25	Winzig.	
— Heinitz, Const., Kind.	23	Frankenstein, Pfarr K.	Inscr. p. 208.
— Hentschel, Frau Margar.	23	Bunzlau, dito.	. p. 369 b.
— Hiltprandus, Andr., Sacrist. u. Mansionarius.	23	Mar. virg. K.	. p. 70.
— Kihitz, Justina, verh. Schmitter.	23	Magd. K.	. p. 144.
— Kramayer, Heinr., der Ältere, auf Gr. Sägewitz.	24	Elisab. K.	Seidl. Samml. p. 12.
— . Martha, geb. Uttmann, gest. 1591.	24	dito.	dito.
— Kreckwitz, Anna v., geb. Kotwitzin.	24	Gr. Osten, Kr. Guhrau.	
* — Loss, Sigm. v., zu Gramschütz.	26	Gramschütz.	
— Martinus, Franz.	23	Landeck.	Inscr. p. 307.
— Musch, Hans, v. Koppendorf.	99	Löwen, Kr. Brieg.	
— Neomarius, Henr.	93	Granowitz.	Inscr. p. 235 b.
— Porschnitz, Jonathan v., Kind.	19	Gr. Mohnau, Kr. Schweidnitz.	Act. Alterth. d. Vicar.-Amtes.
* — Purschnitz, desgl.	21	dito.	

	Band.	Fund-Ort.	Quellen.
1597. Rechenberg, Heinr. v., u. Frau Sabine, geb. ·····	19	Grossen Bohrau, Kr. Freistadt.	Act. Alterth. d. Vicar.-Amtes.
— Roin, George v., und Dirschwitz.	27	Reichen, Kr. Lüben.	
— Rothkirch, ····· u. Sebnitz zu Heinersdorf.	27	Heinersdorf, Kr. Liegnitz.	
* — Sehir, Urs., geb. v. Stlolin.	16	Ober-Gläsersdorf.	
— Schillinglus, Joh., phil. et med. Dr.	21	Frankenstein, Pfarr K.	Eseeh. p. 588.
— " "	13	Frankenstein.	
* — Schkopp, Hel., geb. v. Stuschen.	16	Heinzendorf bei Polkwitz.	
* — Stossel, Anna, geb. Lossin v. Simpoen auf Tarne.	16	Ober-Gläsersdorf.	
— Thomas, Joach., Bürgermeister, u. erste Frau	20	Brieg, Pfarr K.	Eseeh. l. p. 421.
— " Anna, gest. 1565.	20	dito.	dito.
— " Joach., Bürgermeister.	20	dito.	Eseeh. p. 494.
— Zymkowies, Stanisl., Consul.	19	Tarnowies.	Act. Alterth. d. Vicar.-Amtes.
1598. Borwitz, Leonh. v., d. jüngere, auf Kotz.	29	Koltz, Kr. Liegnitz.	
* — Bucher, Georg u. Heinrich, Jünglinge. Ertrunken.	30	Ohlau.	
* — " Jungfrau Susanna.	30	dito.	
— Buecher, Georg u. Heinrich, Brüder. Ertrunken.	18	dito.	
— " " desgl.	20	dito. Pfarr K.	Eseeh. p. 763.
— " Jungfrau Anna.	20	dito. dito.	dito.
— Busewoy, ······	28	Schabenau, Kr. Guhrau.	
— Circler, Laur., Rektor.	23	· · · · · · · · ·	Inser. p. 423.
— Gellhorn, Georg v., auf Christelwitz, u. Frau	18	Queitsch.	Act. Alterth. d. Vicar.-Amtes.
— " Eva, geb. Loßin, gest. 1589.	13	dito.	dito.
— " Georg, d. ältere, auf Christelwitz.	21	dito. Kr. Schweidnitz.	
* — " Derselbe.	22	dito.	
— Haugwitz, Heinr. v., auf Klein Obisch.	19	Quilitz, Kr. Glogau.	Act. Alterth. d. Vicar.-Amtes.
— " Derselbe.	26	dito.	
— Hoberg, u. Kander, Frau ······ von.	18	Ingramsdorf, Kr. Schweidnitz.	
— Klimann, Andr., Canon.	22	Dom.	Inser. p. 45 b.
— Krig, David, Senat. reipubl.	20	Schweidnitz, Mar. K.	Eseeh. p. 50/51.
— Lest, Eva v., geb. Warnstorfin.	30	Woitsdorf, Kr. Hainau.	
— Reichel, Hedw., verh. Kopelly.	23	Striegau, Kloster K.	Inser. p. 388 b.
— Rindfleisch, Joseph.	23	Elisab. K.	" p. 124.
* — Schindel, Georg v., Knabe.	27	Borganie.	
* — " Berah. v., auf Beverndorf.	27	dito.	
— Schweinichen, Marg. v., geb. Tscheschen.	30	Naselwitz, Kr. Nimptsch.	
— Schweinitz, Frdr. v.	27	Mühlrädlitz, Kr. Lüben.	
— Stelnitz, Joh., Haupt-Pastor, Schulenrevisor.	30	Schweidnitz, Mar. K.	Eseeh. p. 47/48.
— Stissel, Eva v., geb. Glaubitzin.	28	Schabenau, Kr. Guhrau.	
— Titius, Georg, Consul.	21	Striegau, Pfarr K.	Eseeh. p. 303.
— Zedlitz, Anna v., a. d. H. Pistram.	21	Lamperadorf.	" p. 1090.
1599. Abschatz, Hans v., u. Strachwitz, auf Dieban.	20	Gähersdorf, Kr. Striegau.	
* — Anleben, gen. Magnus, Seb., auf Groschine u. Belkan.	17	Wintzig.	
— Benedict, Petrus, bedeutender Musiker.	22	Loewenberg.	Eseeh. p. 233.
— Berschdorf, Pauli, Stadtvogt, und Frau	13	Reichenbach.	
— " Barb., geb. Unverrichten, gest. 1588.	13	dito.	
— Dreunig, Joh., Scholae moderator.	16	Koeben, Kr. Steinau.	
— " Joh., Lehrer.	27	dito. dito.	
— Eeke, Salomo v., u. Grosspolowitz.	20	Damsdorf, Kr. Striegau.	
— Freund, Cath., geb. Locanus.	20	Schweidnitz, Pfarr K.	Eseeh. l. p. 22.
— Gerstmann, Christophorus, Canon.	25	Dom.	Seidl. Samml. p. 75.
— Jonne, Onophrius, Consul.	21	Jauer, Pfarr K.	Eseeh. p. 146.
— Krause, Hans, Burkensmeister.	18	Landeshut.	Act. Alterth. d. Vicar.-Amtes.
— Kreidelwitz, Elias v.	28	Herrnstadt.	
— Laug, Familie. Zahlreiche Grabsteine.	18	Landeshut.	Act. Alterth. d. Vicar.-Amtes.
— Meiersburger, Marcus, Töchterlein.	24	Kunzendorf, Kr. Löwenberg.	
— Mohl, Melcher v., Kind.	20	Damsdorf, Kr. Striegau.	

	Band.	Fund-Ort.	Quellen.
1592. Müller, Reinhard, des Raths, und Frau	20	Brieg. Pfarr K.	Ezech. p. 429.
— ° Dorothea.	20	dito.	dito.
° — Nemitz, Christof v., auf'm Burglehn Gr. Peterwitz.	20	Gross Peterwitz.	
— Nigor, Joh., a Koschmin, Mansionarius.	23	Kreuz K.	Inser. p. 62.
— Nimitz, Frau Anna.	18	Schmellwitz, Kr. Schweidnitz.	
° — ° Frau Anna.	22	dito.	
— ° Magd. v., geb. Gotschin.	29	Stonsdorf.	
° — Nissmeuschel, Elena, geb. Koeckritzen.	17	Winzig.	
— Pelargus, Joh., Pastor.	20	Schweidnitz, Pfarr K.	Ezech. p. 23.
— ° Christophor., Knabe.	20	dito. dito.	° p. 25.
— Peterswalde, Hanns v. d. Briesnitz, u. Frau	21	Frankenstein. Pfarr K.	° p. 8367.
— ° Dor., geb. Kullen.	21	dito. dito.	dito.
— Popp, Johannes.	23	. . . .	Inser. p. 430.
— Renss, Andr., Notar.	24	Magd. K.	Seidl. Samml. p. 105.
— Ried, Jonas.	23	Christophori K.	Inser. p. 166.
— Rühnbaum, Georg.	23	Striegau, Pfarr K.	° p. 380.
— Salm, Laur., oder Palm.	23	Mathias K.	° p. 79 b.
— Schafberg, Familie.	22	Rauske, Kr. Striegau.	
— Schaffberger, Jungfrau Magdalena.	22	dito. dito.	
° — Schindel, Hans v., auf Grunsmohnau.	21	Gross Mohnau.	
° — ° Anna v.	22	Schmelwitz.	
° — Schofgotsch, Jungfrau Anna.	22	Reunsendorf.	
— Schramm, Anna.	23	Frankenstein, Pfarr K.	Inser. p. 289.
— Seidlitz, Chr. Ewald v., Kind.	18	Hohen Gieradorf, Kr. Grottkau.	Act. Alterth. d. Vicar.-Amtes.
— Stosch, Frdr., Knabe.	17	Winzig.	
— Sualbins, Agnete (1590).	20	Schweidnitz, Pfarr K.	Ezech. L p. 22.
— Zedlitz, Anna v., Kind.	13	Reichenbach.	
— ° Dasselbe.	19	dito.	Act. Alterth. d. Vicar.-Amtes.
1600. Bartsch, Casp., Rechtsfreund zur Gr. Tschirn.	28	Gr. Tschirnau, Kr. Guhrau.	
— Bavarus, Joan.	23	Reichenau.	Inser. p. 391.
— Bilirsch, Matth., Kantor.	23	Trebnitz.	° p. 263.
° — Bucher, Jungfrau Anna.	30	Ohlau.	
— Conrad, Georg, Knabe.	23	Trebnitz.	Inser. p. 263.
— Falkenhan, Doroth., Kind.	29	Rietschütz, Kr. Glogau.	
15··. Gelhorn, Dietrich v.	30	Rogau, Kr. Schweidnitz.	
1600. ° Gotfrid v., Kind.	30	Kniegnitz, Kr. Nimptsch.	
— Guntrodt, Eva v., geb. Schkoppiu.	19	Gr. Tschirne, Kr. Sagan.	Act. Alterth. d. Vicar.-Amtes.
— Hartwig, Albert, Senior.	23	Magd. K.	Inser. p. 145.
° — Jacobus, II. Abt zu Glogau.	16	Sagan.	
— ° II. Abt.	19	dito.	Act. Alterth. d. Vicar.-Amtes.
— Kheul, Chr. v., u. Kl. Polwitz auf Kaltenhause.	20	Gross Rosen, Kr. Striegau.	
— Kittlitz, Fabian v., und Zauchaw auf Dryse.	24	Jakobskirch, Kr. Glogau.	
— ° Frau Eva v., auf Zedlitz u. Lampersdorf.	30	Zedlitz, Kr. Steinau.	
° — ° Jungfrau Magdalena.	24	Jakobskirch, Kr. Glogau.	
— ° Dieselbe.	24	dito. dito.	
° — ° Fabian v., und Zauchaw.	25	dito.	
— Klose, Hieron., Bürgermeister, u. Frau	17	Waldenburg.	
— ° geb. Adolf, gest. 1613.	17	W. dito.	
— Koerber, David, Notar. reipubl.	22	Loewenberg.	Ezech. p. 236.
° — Mettge, Caspar und Rebecca (zu Kirchberg).	16	Kirchberg.	
— Nostitz, Eva v., geb. Kiditzin.	29	Zedlitz, Kr. Steinau.	
— Pelargus, Dan., Ekklesiast.	20	Schweidnitz, Pfarr K.	Ezech. p. 26.
— Raasse, Matth., Beichtvater.	23	Trebnitz.	Inser. p. 267 b.
— Rumbaum, Magd., verh. Rother.	23	Striegau, Kloster K.	° p. 383.
— Saltza, Adam v., zu Kontzendorf.	22	Kunzendorf, Kr. Löwenberg.	
— Schmid, Joach. v. Brennoburg, Geh. Rath.	21	Glatz, Pfarr K.	Ezech. p. 927.

	Band.	Fund-Ort.	Quellen.
1600. Nebald, Dor., geb. Bernhardin.	20	Brieg, Pfarr K.	Ezech. p. 309.
— Seidlitz, George v., auf Wenigmohaau, Werpersdorf.	18	Gr. Mohnau, Kr. Schweidnitz.	Act. Alterth. d. Vicar.-Amtes.
— Springer, Matth.	23	Bolkenhain.	Inscr. p. 290.
— Stosch, Balth. v., auf Gr. Tschirnau, und Frau	19	Gr. Tschirnau, Kr. Sagan.	Act. Alterth. d. Vicar.-Amtes.
— Hedwig. geb. Nostizin.	19	dito, dito.	dito.
— " " von Zedlitz.	28	Gr. Tschirnau, Kr. Guhrau.	
— " " Frau des Balthas. v. St.	28	dito. dito.	
— Balth. v., auf Gr. Tschirnau, Trubisch etc.	28	dito. dito.	
— Derselbe.	28	dito. dito.	
— Wann, Andreas.	20	Schweidnitz, Pfarr K.	Ezech. p. 28.

Siebenzehntes Jahrhundert.

	Band.	Fund-Ort.	Quellen.
1601. Blasius, Fr.	23	Grässau.	Inscr. p. 388.
— Bruckner, Frau Barbara.	23	Reichenau.	" p. 391 b.
— Bucher, Jungfrau Justina.	20	Ohlau, Pfarr K.	Ezech. p. 762.
— Gelhorn, Christof v., Kind.	30	Kniegnitz, Kr. Nimptsch.	
* — Gellhorn, Leonhard's, zwei Söhnchen.	18	. . . .	. . . Act. Alterth. d. Vicar.-Amtes.
— Haringen, Sus., verh. Vincenz von Schmolz.	18	Rothsürben.	Act. Alterth. d. Vicar.-Amtes.
— Janischius, Georgius, med. Dr.	22	Frankenstein, Kloster K.	Ezech. p. 880.
— Nohl, Chr. Georg v., Kind.	20	Dromsdorf, Kr. Striegau.	
— Praus, Joh., M. art. lib. et phil.	22	Dom.	Inscr. p. 24 b.
* — Sauermann, Adam v., auf Schlanz.	21	Domslau.	
* — Schindel, Hel., Kind.	27	Borganie.	
* — Schmoltz, Sus. v., geb. Hornichen (Kroika und Weigwitz).	17	Rothsürben.	
— Scultetus, Jurist.	23	Löwenberg	Inscr. p. 380.
— Seidlitz, Balth., Sohn des Christof, auf Nieladorf.	18	Hohen Giersdorf, Kr. Grotthau.	Act. Alterth. d. Vicar.-Amtes.
— Senitz, Adam v., u. Rudelsdorf, auf Ranche.	21	Rankau, Kr. Nimptsch.	
— Stubner, Justina, geb. Schmidichin.	30	Rogau, Kr. Schweidnitz.	
— Urbanus, Sigismundus.	23	Grässau.	Inscr. p. 388 b.
* — Zetritz, Jungfrau Anna.	26	Dittmannsdorf.	
— Zettriez, Heinr. v., u. Neuhaus, zum Zobten.	29	Zobten, Kr. Löwenberg.	
1602. Abschatz, Jonas v., u. Struchwitz, von Blumenau.	24	Blumenau, Kr. Bolkenhain.	
— Canitz, Frdr. v.	27	Urschkau, Kr. Steinau.	
— Crusius, Christophorus.	23	Löwenberg.	Inscr. p. 361 b.
* — Diebitsch, Sabine v., geb. Braunin v. Weldewitz.	28	Liebenau.	
— Guntzel, Ernest, Organist.	22	Dom.	Inscr. p. 22 b.
— Harder, Marcus, Rathsherr, Goldschmid, und	20	Brieg, Pfarr K.	Ezech. p. 446.
— " Anna, gb. Schmidelin, seine Frau, gest. 15..	20	dito. dito.	dito.
— Helmann, Sus., geb. Schlitterin.	18	Frankenstein.	
* — Herrmann, Frau Anna, Pastorin.	30	Jenkwitz.	
— Hengel, Balth., a. Pologwitz in Schrigwitz und Sagschütz.	23	Magd. K.	Inscr. p. 142.
— Kanitz, G. H. August's v. Sohn, Kind.	27	Urschkau, Kr. Steinau.	
— Nohl, Anna v., geb. Hubrigen.	20	Dromsdorf, Kr. Striegau.	
— Nass, Sabina, Abtissin.	23	Trebnitz.	Inscr. p. 267 b.
— Pierskaia, Val. bacc. theol., Vicar et Mansionarius.	23	Dom.	" p. 22 b.
— Reinserg, Paulus.	23	11 M. Jungfrauen K.	" p. 168.
— Reiselius, Balth., Diakonus.	22	Frankenstein, Kloster K.	Ezech. p. 881,2.
— Reussnerus, Nic., Professor der Rechte.	23	Löwenberg, Pfarr K.	" p. 229.
— Saurma-Jeltsch, Hans v., auf Lorzendorf u. Struse.	21	Lorzendorf.	
* — Seidlitz, George v., u. Kl. Schmellwitz.	20	Gr. Peterwitz.	
— Tauchmann, Nic., Canon.	22	Dom.	Inscr. p. 7.
— Tiberus, Casp., Rektor.	22	Frankenstein, Kloster K.	Ezech. p. 881.
— Tschesch, Georg v., u. Krippitz zum Haltauf, und	20	Ohlau, Pfarr K.	" p. 745.
— " Barb., geb. Seidlitzin, gest. 1593.	20	dito. dito.	dito.

	Band.	Fund-Ort.	Quellen.
*1602. Tschirnhauss, Kath., geb. Zedlitz.	16	Baumgarten.	
* — , Abrah. v.	16	dito.	
— Weise, Fridricus, Geistlicher.	26	Rothkirch, Kr. Liegnitz.	
— Zedlitz, Barbara und Anna, Kinder.	34	Kretschdorf, Kr. Schönau.	
1603. Diebitsch, Hans v., u. Narte, Töchterchen	27	Militsch, Kr. Steinau.	
— Doringk, Jeremias und Frau.	20	Brieg, Pfarr K.	Ezech. I. p. 423.
— , Barb., geb. Beckin.	20	dito. dito.	dito.
— Hubner, Adam, Pastor.	20	Schweidnitz, Pfarr K.	Ezech. p. 39.
— Krabhorn, Henricus.	23	Reichenau.	Inscr. p. 391 b.
— Mohl, David v., auf Mühlredlitz.	24	Mühlrädlitz, Kr. Lüben.	
— , Leonhart, v., Kind.	20	Dromsdorf, Kr. Striegau.	
— , David v., auf Mühlredlitz.	27	Mühlrädlitz, Kr. Lüben.	
— Monte, Philippus de.	23	. . . .	Inscr. p. 430.
— Poser, Georg, auf Koran.	17	Ohlau.	
— , George, dito.	21	dito. Pfarr K.	Ezech. p. 730.
— Rosarius, Tob., a Rosenfeld, Consul.	21	Habelschwerdt, Pfarr K.	, p. 956.
— Rothermel, Jonas, Kais. Zoll-Einnehmer, u. Frau	20	Brieg dito.	, p. 457.
— , Anna, geb. Kuntzin, gest. 1607.	20	dito. dito.	dito.
* — Schindel, Marg. v., geb. Schweinichen.	27	Borganie.	siehe Bd. X.
* — Schkopp, Carl v., auf Heinzendorf, Uerbersdorf etc.	16	Heinzendorf bei Polkwitz.	
* — Schwenckfeld, Melch., des Raths, u. 2 Frauen	26	Greiffenberg.	
— Steinbach, Georg. Pastor u. Frau.	22	Jauer.	Ezech. p. 153.
— , Elis., geb. Bartsch.	22	dito.	dito.
— Wiorkowska, Barb., Aebtissin.	23	Trebnitz.	Inscr. p. 267 b.
— Zedlitz, Chr. v., auf Nimersau u. Kartsdorf.	25	Ketschdorf, Kr. Schönau.	
* — Zettritz, Hans v., u. Neuhaus, auf Seitendorf.	26	Seitendorf.	
1604. Kindler, Joh., Pastor.	21	Jauer, Pfarr K.	Ezech. p. 149.
— Leste, Seb. v., u. Hohlstein (nach Historisches).	19	Sirgwitz, Kr. Löwenberg.	Act. Alterth. d. Vicar.-Amtes.
— Loss, David v., auf Dammer.	24	Polkwitz, kath. Kirche.	
— Mutschlitz, Barb. v., geb. Sackin.	24	Hermsdorf, Kr. Glogau.	
— Reichen, Donat. v., und Wingerau.	21	Frankenstein, Pfarr K.	Ezech. p. 856.
— Reimnitz, Dav., v. Heinzendorf u. Behrwalde.	21	Ohlau, dito.	, p. 503.
— Salena, Nic. v., aus Cunzendorf, und Frau	19	Seifersdorf, Kr. Bunzlau.	Act. Alterth. d. Vicar.-Amtes.
— , Elis., geb. Redern, und Tochter Sybille.	19	dito. dito.	dito.
— Saltza, Nicklas v., auf Cunzendorf.	22	Kunzendorf, Kr. Löwenberg.	
— Schubart, Urs., verh. Hoppe.	23	Frankenstein, Kloster K.	Inscr. p. 209 h.
— Seidlitz, Frau Ursula v.	19	Reichenbach.	Act. Alterth. d. Vicar.-Amtes.
* — Tschirnhaus, Sigm. v.	16	Baumgarten.	
— Zedlitz, Barb. v., geb. Zetriczin.	29	Zobten, Kr. Löwenberg.	
1605. Bartmann, Elis., Kind.	21	Jauer.	Ezech. p. 160.
— Blanckstein, Familie.	18	Schreibersdorf, Kr. Landeshut.	Act. Alterth. d. Vicar.-Amtes.
— Boraw, Ritter v., 16··, fol. 106.	18	dito. dito.	dito.
* — Brauchitsch, Georg v., auf Obernau.	17	Lüben.	
— Diebitsch, Hans v., u. Nardan, auf Militsch.	27	Militsch, Kr. Steinau.	
— Elsera, Anna.	23	Habelschwerdt, Pfarr K.	Inscr. p. 303 b.
— Krumbhorn, Fridericus.	23	Reichenau.	, p. 392.
* — Mutschlitz, Barb. v., geb. Sackin.	25	Hermsdorf bei Jacobskirch.	
— Niebelschütz, Jac. v., u. Giesmannsdorf, Ermordeten.	24	Jakobskirch, Kr. Glogau.	
* — Derselbe.	24	dito. dito.	
* — Plannitz, Jerem., 6jähriger Sohn.	29	Stonsdorf.	
— Reimann, Gregor, Pastor, u. Frau Ursula.	23	Wandris.	Inscr. p. 234 b.
— Reuscrus, Christophor., u. Frau	22	Löwenberg	Ezech. p. 237.
— , Barb., geb. Gerstmann.	22	dito.	dito.
— Rottwitz, Melcher v., Obrist.	25	. . . .	Seidl. Samml. p 196.
— Schellendorf, Frau Cath., verb. ······	29	Koitz, Kr. Liegnitz.	
* — Schindel, Barb., geb. Losin.	27	Borganie.	s. Bd. IX.

	Band.	Fund-Ort.	Quellen.
1605. Schubart, Fabian, und Ursula Krebsin.	23	Kuhnern.	Inscr. p. 385.
— Stange, Christof, Kind.	19	Bertholsdorf, Kr. Reichenbach.	Act. Alterth. d. Vic.-Amtes.
— ʼ Maria, Kind.	19	dito. dito.	dito.
— Sturmin, Frau Sabine.	18	Gnichwitz, Kr. Brealau.	dito.
— Werner, Gregorius, Pastor.	20	Brieg, Pfarr K.	Ezech. 1. p. 472.
— ʼ Derselbe.	20	dito. dito.	ʼ p. 499.
* — Weiskopf, Adam, Weihbischof.	26	Dom.	Seidl. Samml. p. 69 b.
— Zappius, Zacharias, Pastor, und Frau.	19	Langenbielau, Kr. Reichenbach.	Act. Alterth. d. Vic.-Amtes.
1606. Blanckstein, Frau Barb.	23	Magd. K.	Inscr. p. 146 b.
— Boch, Frau Anna, a. d. H. Lobris.	27	Pilgramsdorf, Kr. Löben.	
— Bucher, Eva, geb. Thalwenzel, Pastorin.	20	Ohlau, Pfarr K.	Ezech. p. 742
— Ettler, Anna, geb. Hoppin, Pfarrfrau.	18	Frankenstein.	
—ʼ Festenberg, Pachisch genannt, David v.	20	Ohlau, Pfarr K.	Ezech. p. 744.
— Grhindler, Jungfrau Marta.	18	Frankenstein.	
— Habicht, Johannes.	24	Dom, Gr. Glogau.	
—ʼ Joh., Curiae praefectus.	18	dito. dito.	Act. Alterth. d. Vicar.-Amtes.
— Heusler, Frdr. vom Buchwaldt, Stiftsverw. u. Frau	20	Brieg, Pfarr K.	Ezech. p. 462.
—ʼ Dor., geb. Koschwitzin, gest. 16··.	20	dito. dito.	dito.
— Hohberg, Henrich v., a. Falkenstein u. Weickersdorf.	21	Welkersdorf, Kr. Löwenberg.	
—ʼ Henrich v., auf Göttmansdorf, Falkenstein.	22	dito. dito.	
— Hochberg k, H. v., u. Göttmansdorf auf Falkenstein und Welkersdorf.	24	Robnstock, Kr. Bolkenhain.	
—ʼ Christof v., Knabe.	24	Welkersdorf, Kr. Löwenberg.	
— Lenota, Elis., geb. Loeben.	18	Gr. Mohnau, Kr. Schweidnitz.	Act. Alterth. d. Vicar.-Amtes.
* —ʼ Elis., geb. Loebin.	21	dito.	
— Mathaeus, Abt zu Cament.	21	Camenz, Kloster.	Ezech. p. 905.
— Meleer, Casp. und Frau.	23	Münsterberg, Pfarr K.	Inscr. p. 383.
—ʼ Hel, geb. Nebulta, gest. 1599.	23	dito. dito.	dito.
— Mylheim, H. Ulr. v., u. Domanitz.	21	Frankenstein, Pfarr K.	Ezech. p. 883.
, — Nostitz, Sigm. v. Ermordet.	17	Hohen Posaritz, Kr. Schweidnitz.	
— Porenitz, Frdr. v., u. Hohen Petersdorf zu Wodraw.	24	Wedraw, Kr. Bolkenhain.	
— Rothkirch, Joach. v., u. Schönau auf Kriaselwitz.	21	Queritsch, Kr. Schweidnitz.	
— Schindler, Paul und Christian v., Geschwister.	18	Frankenstein.	
* — Schofgottsche, Anna, geb. Niemitzin.	22	Reussendorf.	
— Schraeer, Urs. v., geb. Scholtz v. Lewenstein.	18	Frankenstein.	
— Seelfleisch, Zach., Nannionarius.	20	Schweidnitz, Nic. Kirche.	Ezech. p. 61.
* — Seidlitz, Cath., geb. v. Nostitz.	17	Stroppen.	
— Stange, Gideon v., Kind.	19	Bertholsdorf, Kr. Reichenbach.	Act. Alterth. d. Vicar.-Amtes.
* — Txetritzin, Jungfrau Anna.	22	Seidendorf-Neuhaus??	
* — Willenberger, Joachimus.	25	Kreuz K.	Seidl. Samml. p. 87 b.
— Zedlitz, und Schonaw, Heinr. v.	18	Schweinitz, Kr. Grünberg.	Act. Alterth. d. Vicar.-Amtes.
*1607. Knobelsdorf, Casp. v., und Mone, auf Kl. Logisch	21	Jacobsdorf.	
* —ʼ Derselbe.	24	dito. Kr. Glogau.	. . . . . .
* — Korchwitz, Hedwig v., Kind.	18	. . . .	
— Lilgenau, H. Jonas, auf Haltauf u. Enkendorf.	20	Ohlau, Pfarr K.	Ezech. p. 745/6.
* — Reichenbach, Hans, auf Rudelsdorf.	23	Rudolstadt.	
— Schreer, Christof, Stadtschreiber.	18	Frankenstein.	
— Schweinitz, Fridrich's v., Töchterlein.	27	Bienowitz, Kr. Liegnitz.	
— Schweitser, Abr., des Raths.	20	Brieg, Pfarr K.	Ezech. p. 486.
—ʼ Urs., geb. Weinholdin, gest. 1585.	20	dito. dito.	dito.
—ʼ Hedw., geb. Scholtzin, gest. 1594.	20	dito. dito.	dito.
— Seidellus, Hieron., Canon.	22	Kreuz K.	Inscr. p. 55 b.
— Serpingius, Georgius, Vic. et Mansionar.	22	Dom.	ʼ p. 37.
— Süssenbach, Jos., Pastor.	20	Jauer.	Ezech. p. 159.
1608. Buchta, Georg v. Buchlitz, Kaiserl. Vorschneider.	19	Ottmuth, Kr. Gr. Strehlitz.	Act. Alterth. d. Vicar.-Amtes.
— Dohn, Casp., Canon., art. et phil. Dr.	22	Dom.	Inscr. p. 35 b.

IV.

	Band	Fund-Ort	Quelle
*1608. Frobelwitz, Melch. v., u. Elgit, auf Krumbach.	17	Stroppen.	
— Habicht, Anna, verh. Uraini.	23	Dom.	Inscr. p. 41.
— Hiltprandus, Casp., Canon., art. et phil. Mag.	22	dito.	p. 40 b.
* — Kreckwitz, Chr. v., auf Wirchwitz u. Gusitz.	24	Jacobsdorf.	
— Derselbe.	24	dito. Kr. Glogau.	
* — Lest, Abraham.	25	Thamm.	
* — Naefe, Anna, geb. Rascheborin.	21	Kaulwitz.	
— Schrambs, Urs. v., geb. Schaffbergerin.	22	Ranske, Kr. Striegau.	
— Seidlitz, Anna v., Kind.	21	Sachwitz, Kr. Neumarkt.	
-- Stosch, Frdr. v., v. Mundschütz auf Wangern.	20	Ohlau, Pfarr K.	Ezech. p. 743.
— Zedlitz, Hans v., auf Siebrznich.	23	Zobten, Kr. Löwenberg.	
1609. Axleben, Ritter Wenzel v., u. Frau Severina.	19	Güttmannsdorf, Kr. Reichenbach.	Act. Alterth. d. Vicar.-Amtes.
— Balleus, Robertus, Engländer.	21	Kaulwitz.	
— " " "	21	Striegau, Kirchhof.	Ezech. p. 322.
* — Blede, Hans v., auf Polsdorf, Stasz u. Pirschen.	20	Pohlsdorf.	
— Braun, Joh. a auf Czeplaw.	23	Steinborn.	Seidl. Samml. p. 185.
* — Diebitsch, Ernst v., Jüngling.	23	Liebenau.	
— Goburg, v., Handelsmann.	18	Landeshut.	Act. Alterth. d. Vicar.-Amtes.
* — Herrmann, Joh., Pastor.	20	Jenchwitz.	
— Jerinus, Barth., J. U, Dr., Canon., proton. apost.	22	Dom.	Inscr. p. 45.
— Kanitz, Fräulein Marg. v.	27	Uruchkau, Kr. Steinau.	
* — Kottwitz, Eva v., geb. v. Pfeil.	24	Pathendorf.	
— Lubensis, Franc. Roseus.	21	Schduhelde.	Ezech. 1. p. 1080.
— Sack, v., u. Frau.	19	Ob. Stephansdorf, Kr. Neumarkt.	Act. Alterth. d. Vicar.-Amtes.
* — Asmus v., u. Reisehütz, und Frau.	20	Stephansdorf.	
— Barb., geb. Knorkritzin.	20	dito.	
— Seidlitzen, ... zur Falckenberg.	24	Blumenau, Kr. Bolkenhain.	
— Urs. v., geb. Mosenauerin.	18	Gr. Mohnau, Kr. Schweidnitz.	Act. Alterth. d. Vicar.-Amtes.
— Stössel, Adam v., u. Kurtwitz auf Globitschen.	24	Schabenau, Kr. Guhrau.	
* — Tschirnhaus, Georg v., auf Nd. Baumgarten und Hohen Petersdorf.	16	Baumgarten.	
— Waybelius, Conr., Dr. theol., Canon.	22	Dom.	Inscr. p. 34.
1610. Cuetries, Frdr., vom Kimsberg.	19	Ottmuth, Kr. Gr. Streblitz.	Act. Alterth. d. Vicar.-Amtes.
— Gerhardi, Anton, Pastor.	25	Winzig.	Staats-Archiv.
— Kottwitz, Sigm. v., und Frau	19	Kontop, Kr. Grünberg.	Act. Alterth. d. Vicar.-Amtes.
— Anna, geb. v. Dihrn (auch Historisches).	19	dito. dito.	dito.
— Mencel, Bara, geb. Bartischin.	24	Koischau, Kr. Liegnitz.	
— Müller, Matthes, Bürgermeister.	18	Ohlau.	
— Matz. dito.	21	Pfarr K.	Ezech. p. 782.
— Niebelschütz, Urs. v., verw. Kanitz (auch Histor.)	19	Alt Strunz, Kr. Glogau.	Act. Alterth. d. Vicar.-Amtes.
* — Niemitz, Anna v., geb. Seidlitzin.	20	Gross Peterwitz.	
* — Anna v., geb. Mühlheimb.	20	dito.	
* — Plunnitz, den Jeremias v. Wittwe.	29	Steusdorf.	
* — Reichau, Eva v., geb. Zeschen.	21	Gross Mohnau.	
— Seidlitz, Anna v., geb. Niemitz.	18	dito.	Act. Alterth. d. Vicar.-Amtes.
— Truilo, Nic. de Lessel, Deran.	22	Kreuz K.	Inscr. p. 57.
— Zedlitz, ...	26	Leipe, Kr. Jauer.	
1611. Blanchstein, Frans v. Giessdorf, auf Reichen.	19	Reichen, Kr. Nassolau.	
* — Bucher, Hel., geb. Winzer, Pastorin.	24	Ohlau.	
— Don, Joh., Canon., Dr. theol.	23	Magd. K.	Inscr. p. 45.
— Fischer, Franciscus.	22	Dom.	p. 144.
— Grisen, Maternus a Kobach, Canon., Dr. theol.	30	Jenchwitz.	p. 28 b.
* — Herrmann, Elis., geb. Zeleren, Pastorin.	29	Hirschberg.	
* — Preussel, Urs., geb. Schreiberin.	18	?	?
* — Rohoffsky, Kornies, Caspar.	18	Frankenstein.	
— Schraeer, Casp., Bürgermeister.			

	Band	Fund-Ort	Quellen
1611. Virtiugus, Franc., Prediger.	23	Magd. K.	Inscr. p. 148.
*1612. Arznt, Georgius ab, in Arnoldsmühle.	27	Herrmannsdorf, Kr. Löben.	
— " George v., Familiengruft.	29	dito. Kr. Breslau.	
— Diebitsch, Hans v. "	27	Mlitsch, Kr. Steinau.	
— Falkenhayn, Beruh.v.,u.Kunzendorf u.Gassendorf.	26	Rothkirch, Kr. Liegnitz.	
— " Frau · · · · ·	26	dito. dito.	
— Geisler, Hel., geb. v. Kuobelsdorfin.	30	Steinsdorf, Kr. Hainau.	
— Hubrich, Hedw., geb. Sebottendorf.	16	Ohlau.	
— Merrator, Eman. de, Kaufmann.	23	· · · · · · · · · ·	Inscr. p. 427.
— Nosazea, Asman's v., u. Tschewchwitz, Tochter Barb.	24	Seinbenau, Kr. Gubrau.	
* — Pückler?. Ludm., Elis , Marj. n. Hedwig, Kinder.	25	Schedlau.	
— Reibnitz, Cath. v., geb. Nimtsch.	26	Wrederau, Kr. Bolkenhain.	
— " Hedw., geb. Buchtin, a. d. H. Domerzko.	26	dito. dito.	
— · Reimultz, Cath. v., geb. Nimpschin.	25	dito. dito.	
* — Schweinicheu, Joachim v., Knabe.	17	Wolmsdorf, Kr. Bolkenhain.	
— " Joachem v., Knabe.	24	Xd. Wolmsdorf, dito.	
— Seidlitz, Anna v., Kind.	21	Sarhwitz, Kr. Neumarkt.	
* — " Anna v., geb. Birden.	21	Gross Mohnau.	
— Tinzmann, Nie., Canon., Dr. med.	22	Dom.	Inscr. p. 26.
v — Tachitubaus, Magd., geb. Zetritzin.	16	Baumgarten.	
— Zimmermaun, Ursula.	22	Kreuz K.	Inscr. p. 58 b.
1613. Gellhorn, Ernst Comes de, auf Peterswalde.	19	Peterswalde, Kr. Reichenbach.	Act. Alterth. d. Vicar-Amtes.
— Grim, Christian, an der Pest gestorben.	29	Goldberg.	
— Heue, Christof. Diakonus.	23	Bernhardin.	Inscr. p. 159.
— " Gedde, Christophor., und Frau.	25	dito.	Seidl. Samml. p. 120.
— " Barb., geb. Krüger.	25	dito.	dito.
— Hocke, Simon, Fürstl. Liegn. Stadtschreiber.	26	Herrnstadt.	
— Jeneki, Val., auf Kranseuau.	20	Ohlau, Pfarr K.	Ezech. p. 748.
* — Jerin, Barth. a., Canon.	27	Dom.	a. auch Bd. I. u. VI.
— Kalckreuther, Barb., geb. Mutschelwitzin.	25	Karoschke.	
— Lier, Matth., praefectus.	23	Elisab. K.	Inscr. p. 121.
· — Lüttwitz, Sign. v., u. Leesewitz, a. Wasser-Jeutsch.	25	dito.	Seidl. Samml. p. 127.
* — Naefe, Hier. von Obischav.	21	Kanlwitz.	
— Paritius, Svatomirina, Pastor.	23	Mimken.	Inscr. p. 421.
* — Pückler?, Frdr., Heinr., Casp. u. Christof, Kinder.	25	Schedlau.	
— Reibnitz, George v., auf Falckenbergk.	24	Blumenau, Kr. Bolkenhain.	
— Reichenbach, Locrctia v., geb. Gfin. Schlick.	26	Welkersdorf, Kr. Löwenberg.	
— Reimnitz, Cath. v., geb. Nimpschin.	25	?	?
— Rothkirch, Wenzel v., Kind.	25	Heinersdorf, Kr. Liegnitz.	
— Scholz, Laur., phil. et med. Dr.	24	Magd. K.	Seidl. Samml. p. 102 b.
— Scultetus, Georgius, Abt, Weihbischof.	22	Set. Vincenz.	Inscr. p. 83 b.
— Seidelin, Hier., Canon.	21	Dom.	" p. 26 b.
— Stephetius, Georg. Dekan.	18	Oppeln, Pfarr K.	Act. Alterth. d. Vicar.-Amtes.
𝒦 — Teich, Soph., geb. Helmerichiana.	29	Goldberg.	
— Weihemaier, Euph., geb. Reichwitz, und Gatte.	18	Reichenbach.	
* — Zetritz, Anna v., geb. Seidlitzin.	22	Seitendorf.	
1614. Berge, Wolf v., a. d. H. Lindaw.	24	Jacobskirch, Kr. Glogau.	
* — " · Wolf v., und Lindau, auf Jacobskirch.	25	dito.	
— Bucht, u. Puschin, Anna v., geb. Reimnitz.	26	Wrederau, Kr. Bolkenhain.	
— Buchtin. Hedwig, G.	26	dito. dito.	
· — Gelhorniu, Hedwig, G.	26	dito. dito.	
— Hobergk, Anna, geb. Schüdeliu.	26	Rohnstock, dito.	
— Jauieskowa, U. Magd., verh. Gruzelka.	19	Tarnowitz.	Act. Alterth. d. Vicar.-Amtes.
— Ilges, Fab., Apotheker.	30	Brieg, Pfarr K.	Ezech. p. 429.
— " Marg., geb. Mölleriu.	30	dito. dito.	dito.
— Koslovius, Simon, Vic. et Massionarius.	22	Dom.	Inscr. p. 35 b.

5*

	Band.	Fund-Ort.	Quellen.
1614. Kossembar, Hel., geb. Posserin.	18	Ohlau.	
— Kossenbag, Hel., geb. Posseria.	30	dito.	
* — Kreekwitz, Mar. v., geb. Zabeltitzin.	24	Jakobsdorf.	
— Kretschmer, Frdr., Kais. Zoll-Einnehmer.	20	Brieg, Pfarr K.	Ezech. p. 491.
— Krewitz, Seb., des Raths, u. seine zwei Frauen.	24	Magd. K.	Seidl. Samml. p. 100.
— Nostitz, H. Leonhard, auf Zedlitz u. Lampersdorf.	30	Zedlitz, Kr. Steinau.	
— " H. Leonhard v.	30	dito. dito.	
* — Plannitz, Jungfrau v.	29	Stonsdorf.	
— Pros, Val., Pastor.	21	Jauer, Pfarrkirche.	Ezech. p. 150.
— Rodler, Caspar, der eltere, Bürgermeister.	19	Reichenbach.	
— Reichenbach, ······ v., geb. Seidlitz.	13	Ingramsdorf, Kr. Schweidnitz.	
— " Carl Sigm., Kind.	21	Quirkendorf.	Ezech. p. 999.
— Saebisch, Matth., med. Dr.	23	Elisab. K.	Inscr. p. 120 b.
— " Matth., Dr. med. et phil., und Frau	24	dito.	Seidl. Samml. p. 9 b.
— " Cath., geb. Scakeutner.	24	dito.	dito.
* — " Matth., Dr. phil. et med.	26	dito.	dito.
— Nebliwitz, ······, auf Kl. Kniegnitz.	30	Kl. Kniegnitz, Kr. Nimptsch.	
* — Behofgoische, Anna, Jungfrau.	22	Reussendorf.	
— Neidlitz, Frau von.	19	Ingramsdorf, Kr. Schweidnitz.	Act. Alterth. d. Vicar.-Amtes.
— Stefetius, Joh., Dr. theol. et phil.	27	Oppeln.	
— Stephetius, Georg, Archidiakonus.	30	dito.	
— Taedlitz, Chr. Frdr. v., a. d. H. Leyhaw.	26	Leipe, Kr. Jauer.	
*1615. Bucher, Georg, Pastor u. Senior.	30	Ohlau.	
— " Georg, Pfarrer und Senior.	20	" Pfarr K.	Ezech. p. 761.
— " Georgius, Senior.	21	" dito.	" p. 799.
— Dohna, Barb., Gfn. v., geb. v. Knobelsdorf.	19	Hertwigswaldau, Kr. Sagan.	Act. Alterth. d. Vicar.-Amtes.
— Kriebel, Matth., Senior.	23	Elisabeth K.	Inscr. p. 131.
* — Niemitz, Frdr. v.	20	Gross Peterwitz.	
* — Nostitz, Seb. v., auf Gross Peterwitz.	17	Stroppen.	
— " Marg. v., geb. v. Glaubitz, verw. gewes. v. Stössel.	19	Alt Rauden, Graft.	Sinap. II. p. 163.
— Rothkirch, Chr. v., u. Nebnitz, auf Jeschken etc.	27	Heinersdorf, Kr. Liegnitz.	
Schramm, Caap., Archidiakonus.	26	Langbielwigsdorf, Kr. Bolkenhain.	
— Seifried, Sig., Canon.	22	Dom.	Inscr. p. 34.
— Stosch, Georg v., u. Mondschütz, auf Wandritsch.	27	Rinnersdorf, Kr. Löben.	
— Ursinus, Franc., Epus. Nicopoliensis.	22	Dom.	Inscr. p. 32.
1616. Bucher, Georg, Senior.	18	Ohlau.	
— Burghardt, Magd., Pastorin.	21	Lampersdorf.	Ezech. p. 1019.
— Glaubitz, Urs. v., geb. Reichenbach.	22	Hartmannsdorf.	
— Groeger-Reichenbach, v., Jungfr. Anna Maria (Pitschen).	16	Ingramsdorf, Kr. Schweidnitz.	
* — Hilteprandus, Casparus.	27	Dom.	s. auch Bd. VI. u. VII.
— Johannes IV., Abt zu Camenz.	21	Camenz, Kloster.	Ezech. p. 905.
* — Lamberg, Sigm. v., v. Heinzendorf, Schimmelwitz.	16	Heinzendorf bei Stroppen.	
* — Larisch, Georg v., auf Curslawitz u. Boruslawitz A.	30	Boruslawitz, Kr. Beuthen.	
*···· Larisch, Anna v., geb. Stolz. B.	30	dito. dito.	
1616. Maltitz, Ros. v., geb. Sedlnitzkin.	19	Hertwigswaldau, Kr. Münsterberg.	Act. Alterth. d. Vicar.-Amtes.
— Mennowius, Ambros., Vic. et Mansionarius.	21	Dom.	Inscr. p. 30 b.
— Nostitz, H. Frdr. v., auf Zedlitz u. Lampersdorf.	30	Zedlitz, Kr. Steinau.	
— " Friedr. v., von Zedlitz etc.	30	dito. dito.	
— Ostrorog, Stanisl., Comes ab, Canon.	23	Dorothea K.	Inscr. p. 96 b.
— Pogrell, Hans v., der jüngere, auf Lampersdorf.	21	Lampersdorf.	Ezech. p. 1028.
* — Reichav, Christof v., u. Kl. Monav.	21	Gr. Mohnau.	
— Reichawvo, Eva v., u. Wingenonau.	18	Ingramsdorf, Kr. Schweidnitz.	Act. Alterth. d. Vicar.-Amtes.
* — Reichenbach, Anna Maria.	22	dito.	
* — " Georg v., Knabe.	25	Hartmannsdorf.	

	Band.	Fund-Ort.	Quellen.
*1616. Rothkirch, Frau Elena.	22	Reussendorf.	
— Schafgotsche, Casp., auf Plagwitz u. Pomsen.	18	Nied. Hertwigswaldau.	Act. Alterth. d. Vicar.-Amtes.
* — Schönnagel, Carolus.	27	Dom.	s. auch Bd. I.
* — Tinzmann, Nic., Dr. phil. et med., Canon.	27	dito.	Bd. VII.
* — Tzetritzin, Jungfrau Ursula.	22	Seitendorf.	
* — Waldau, Franz v., auf Kl. Rosen u. Kl. Schottkau.	19	Schoasitz bei Canth.	
*1617. Carl II., Herzog v. Münsterberg, Oels, Glatz.	17	Oels.	
* — Diebitsch, Hel. v., geb. v. Haugwitz.	23	Liebenau.	
— , Frdr. v., auf Liebenau, Obernigk.	26	dito.	
* — Gelhorn, Anna v., geb. Peterswaldin.	22	Nieder Borgendorf.	
— Kanitz, Hans v., Statue von Glockenmetall.	19	Ob. Stephansdorf, Kr. Neumarkt.	Act. Alterth. d. Vicar.-Amtes.
* — , Hans v., auf Dieban, Stefsdorf, Grossburg.	20	Stephansdorf.	
— Loeben, Christof v., auf Bunchen u. Newdorf.	21	Ohlau, Pfarr K.	Exech. p. 796.
— Nostitz, Chr., baro de (Seitenberg).	24	Lohris, Kr. Jauer.	Ahnenzaal.
— Packisch, Ros., verh. v. Schelia auf Schützendorf.	21	Lampersdorf.	Exech. p. 1028.
— Pogerell, Georg v., v. Michelau, zu Johnsdorf.	30	Ohlau, Pfarr K.	p. 749.
— Rechenberg, Heinr. v., Kind.	27	Gr. Reichen, Kr. Löben.	
— Reibnitz, Christof, v. Raubitz, und Frau:	17	Ohlau.	
— , Eva, geb. Poser, gest. 1607.	17	dito.	
— , Christof von Raubitz.	30	dito. Pfarr K.	Exech. p. 756.
— , Eva, geb. Poserin, gest. 1607.	20	dito. dito.	dito.
— Riedel, Peter, der Elder, und zwei Frauen.	25	Eliasb. K.	Seidl. Samml. p. 127.
— Rothkirch, Hel. v., geb. Schindel.	27	Heimersdorf, Kr. Liegnitz.	
* — Seidlitz, George v., auf Kl. Monau u. Mernersdorf.	21	Gr. Mohnau.	
— Sellig, Casp., Archidiakonus.	26	Glogau.	
— Sellius, dito.	13	Gr. Glogau, Dom.	Act. Alterth. d. Vicar.-Amtes.
* — , dito.	24	dito.	
— Zettritz, Anna v., geb. Gotschin.	25	Langhelwigsdorf, Kr. Bolkenhain.	
— Zindel, Ant., Gerichtsschreiber, und Frau.	19	Költschen, Kr. Reichenbach.	Act. Alterth. d. Vicar.-Amtes.
1618. Conradus, Martinus, Abt.	22	Set. Vincenz.	Inscr. p. 83 b.
* — Hund, Anna Maria v., Kind.	30	Ohlau.	
— , Anna Maria v., Mädchen (Endersdorf).	16	dito.	
— , Anna Maria v., dito.	30	dito. Pfarr K.	Exech. p. 766.
— Kittlitz, Marg., geb. Niebelschitzin.	24	Jakobskirch, Kr. Glogau.	
* — , Dieselbe.	24	dito. dito.	
— Knobelsdorf, Hel. v., geb. Glambitzin.	24	dito. dito.	
* — , Dieselbe.	24	dito. dito.	
— Lest, Anna, geb. Schliewitzin, a. d. H. Alten Nehdau.	24	Welkersdorf.	
— Petzold, Eva, geb. Prenzler.	21	Jauer, Pfarr K.	Exech. p. 147/8.
— Pohl, Anna.	19	Quilitz, Kr. Glogau.	Act. Alterth. d. Vicariat-Amtes.
— Rechenberg, Franz v., auf Panten.	17	Panthenau, Kr. Hainau.	
— Reibnitz, David, Leonh. v., Kind.	24	Wederau, Kr. Bolkenhain.	
* — Reichenbach, Georg v.	22	Hartmannsdorf.	
* — , Anna Magd. v.	22	dito.	
— Rohnau, Sigm. v. Rohnstock, auf Biehlau.	21	Lampersdorf.	Exech. p. 1029.
— Roin, Asman v., auf Dirschwitz.	27	Bienowitz, Kr. Liegnitz.	
— Scholtze, Joh., u. Frau.	24	Magd. K.	Seidl. Samml. p. 97.
— Zedlitz, Ladisl. v., auf Nimmersatt.	13	Grbnau.	Act. Alterth. d. Vicar.-Amtes.
— Zettritz, Herrm. v., u. Karis, der Elder, auf Schatzlar etc.	25	Langhellwigsdorf, Kr. Bolkenhain.	Inscr. p. 139 b.
1619. Balthasar, Herrmann.	23	Bernhardin.	Inscr. p. 139 b.
— Brockendorf, Anna v., Kind.	13	Schosnitz, Kr. Breslau.	Act. Alterth. d. Vicar.-Amtes.
— , Magd. v., Kind.	13	dito. dito.	dito.
— Hentzeius, Mathias K., art. et phil. Dr.	18	Mathias K.	Inscr. p. 81.
— Landtskron, Sus., geb. Biberin, v. d. H. Profen.	20	Gaebersdorf, Kr. Striegau.	
— Lincke, Joh. Benj., Pfarrer.	21	Nobschütz.	Exech. p. 915.

	Band	Fund-Ort	Quellen
*1619. Musch, Hans von Koppersdorf.	24	Loewen.	
* — Neander v. Peterscheldau, Barth., Archidiakonus.	27	Dom.	s. auch Bd. III.
— Nostitz, Christophorus å.	24	Lobris, Kr. Jauer.	Ahnensaal.
— Pogrell, Hans v., auf Lampersdorf.	24	Lampersdorf.	Esceh. p. 1022.
* — Rothkirch, Christof v., und Sebeniza.	17	Zedlitz bei Steinau.	
* — dergl. auf Ober-Dammer.	29	dito. dito.	
— Schlichtizin, Frau Susanna G.	19	Weinzurodau, Kr. Schweidnitz.	Act. Alterth. d. Vicar.-Amtes.
— Schweinichen, Daniel v., Knabe.	21	Oblau, Pfarr K.	Escch. p. 795.
— Seiler, Abr., Secret. reipubl.	23	Bernhardin K.	Inser. p. 159 b.
— Seydlitz, Wolf Heinr. v., auf Kyinau.	30	Naselwitz, Kr. Nimptsch.	
* — Tschirnhaus, Hans Christof v., Knabe.	16	Baumgarten.	
* — Jungfrau Anna Maria.	16	dito.	
* — Wiese, Anna, geb. Caruben (Hauzendorf, Schaup.)	17	Winzig.	
— Zetritz, Hans v., auf Reussendorf u. Waltersdorf.	26	Dittmannsdorf.	
* — Jungfrau Eva v.	26	dito.	
1620. Caetritz, Herrm. v., u. Karls der Elder, a. Schatzlar.	26	Langhelwigsdorf, Kr. Bolkenhain.	
— Fuchs, Barth., Abt.	24	Sand K.	Seidl. Samml. p. 118.
— Heussler, Melch. v., v. Burkwaldt, Hofger.-Assessor.	20	Brieg Pfarr K.	Escch. p. 507.
— Hildebrandt, Anna, geb. ·····, Bürgermeisterin.	16	Grottkau.	
— Holtzgravius, Henricus.	22	Münsterberg, Pfarr K.	Escch. p. 865.
— Kalkreut, Heï. v., Mädchen.	17	Pusehkau, Kr. Schweidnitz.	
— Landskron, Christof v.	22	Rauske, Kr. Striegau.	
— Lest, Melch. v., u. Holenstein, auf Welchersdorf.	24	Welbersdorf, Kr. Löwenberg.	
— Mühl, Melch., auf Mochlredlitz.	27	Mühlredlitz, Kr. Lüben.	
— Nostitz, Joh. Nic., a. d. H. Kunewalde.	24	Lobris, Kr. Jauer.	Ahnensaal.
* — Praussner, Jungfrau Barbara.	27	Dom.	s. auch Bd. I.
— Saltzin, Jungfrau Anna Maria.	25	Bolkenhain.	
— Schlitter, Casp., Senator, Apotheker, u. Frau	18	Frankenstein.	
* — geb. Hartenstein, gest. 1621.	18	dito.	
-- Spiller, Hartwigk, der Junger, auf Schoadorf.	22	Schoadorf, Kr. Löwenberg.	
* — Tschirnhaus, Hans v., a. Nd. Baumgarten. Erstcrh.	16	Baumgarten.	
* — Hans George Gemerchelt.	16	dito.	
— Zedlitz, Ernst v., auf Blumenau u. Leipe.	25	Leipe, Kr. Jauer.	
1621. Breunin, Elis., Mädchen.	21	Kunzendorf, Kr. Löwenberg.	
— Brockendorf, Hans Gotthard v.	18	Schweinitz, Kr. Breslau.	Act. Alterth. d. Vicar.-Amtes.
— Hartmann, Sebastian.	22	Dom.	Inser. p. 34.
— Koeckritz, Barb. v., Kind. (Tharus.)	16	Hohen Poseritz, Kr. Schweidnitz.	
* — Dasselbe.	27	dito.	
— Landskron, Joach. v., auf Lederhoyse.	30	Gaebersdorf, Kr. Striegau.	
* — Barb. v., Kind.	30	dito. dito.	
— Schaf Gotsche, Mausoleum u. Denkmal.	A	Reuswendorf, Kr. Landeshut.	Act. Alterth. d. Vicar.-Amtes.
— Seidler, Adam, Apotheker.	18	Oblau.	
— Derselbe.	21	dito. Pfarr K.	Escch. p. 787.
— Tschirnhaus, v.	18	Reussendorf, Kr. Landeshut.	Act. Alterth. d. Vicar.-Amtes.
* — Maria v., geb. Falkenhainin.	22	dito.	
* — Frau Anna.	22	dito.	
1622. Adolph, Gedeon, Pastor.	30	Wünschendorf, Kr. Löwenberg.	
— Brandschütiki, Maria, geb. Jungin.	22	Kunzendorf dito.	
— Heussler, Anna, geb. Jenchin.	20	Brieg, Pfarr K.	Escch. p. 507.
— Mehling, Hans, Amptsschreiber.	18	Frankenstein.	
— Ochtritz, Jungfr. Barb. v.	19	Hohen Poseritz, Kr. Schweidnitz.	Act. Alterth. d. Vic.-Amtes.
— Reibaltz, Fridric v.	26	Werdau, Kr. Bolkenhain.	
* — Schkopp, Christof v., auf Kretzberg u. Kotzenau.	16	Heinzendorf bei Polkwitz.	
1623. Engel, Christophorus.	20	Reichenstein, Pfarr K.	Escch. p. 707/8.
— Hase, Burkhardt, Münz-Wardein.	18	Oblau.	
— Hauptmann, David, Vincentiner.	23	Vincenn K.	Inser. p. 85.

	Band.	Fund-Ort.	Quellen.
1623. Krebs, de Romnitz, Casp., Prokonsul.	17	Liegnitz.	
— Nerlich, geb. Maruss.	26	Herrnsdorf, Kr. Glogau.	
— Poser-Nedlitz, Ritter Hans v.	19	Güttmannsdorf, Kr. Reichenbach.	Act. Alterth. d. Vicar.-Amtes.
— Reibnitz, ..., auf Stonsdorf u. Erdmannsdorf.	26	Leipe, Kr. Jauer.	
— Tempski, Chr. Rud. v., auf Quickendorf.	21	Quickendorf.	Exech. p. 1001.
1624. Arlet, Christof, parochus.	19	Riemertsheide, Kr. Neisse.	Act. Alterth. d. Vicar.-Amtes.
— Brockendorf, Sus., geb. Stiebitzin.	18	Schosnitz, Kr. Breslau.	dito.
* — Hertlius, Elis., geb.	20	Hirschberg.	
— Keller, Genesius, Advokat.	22	Dom.	Inser. p. 40.
— Kohlsdorf, Mart., Epus. Nicopolitensis, Weihbisch.	22	dito.	» p. 29.
* — Kottwitz, Hans v., auf Essendorf.	28	Putbendorf.	
* — Mutschelnitz u. Wersingave, Frdr.	27	Herrmannsdorf bei Liam.	
— Fr. v., u. Wersingave, Landesältest.	29	dito. Kr. Breslau.	
— Rehder, Peter v., u. Schönfeld, auf Ob. Wiekendorf.	30	Steinsdorf, Kr. Hainau.	
— Sebuppius, Martin, Mansionarius.	21	Dom.	Inser. p. 29 b.
*1625. Diebitzsch, Eva v., geb.	28	Liebenau.	
— Gellborn, Melch. v., u. Christelwitz.	17	Reichenbach.	
— Derselbe.	19	dito.	Act. Alterth. d. Vicar.-Amtes.
— Kaltreuther, Fr., auf Cowellen u. Coroschhaw.	25	Koroschke.	
— Maltzan, Joseh., Graf v. (auch Historisches).	19	Militsch.	Act. Alterth. d. Vicar.-Amtes.
— Radolinski, Joh., a Radolina, Vikar.	23	Kreuz K.	Inser. p. 54.
— Rechenberg, Wentzel v., Kind.	27	Gr. Reichen, Kr. Lüben.	
* — Riegel, Frau Eva, auf Panzke.	20	Pohlsdorf.	
— Schleva, Hel. v., geb. Rechenberg.	27	Gr. Reichen, Kr. Lüben.	
— Schroeter, Casp., Abt.	23	Vincenz K.	Inser. p. 83 b.
— Derselbe.	23	dito.	» p. 84 b.
1626. Dibitzsch, Urs. v., geb. Krechwitzen.	27	Militsch, Kr. Steinau.	
— Dohn, Casp., Canon., art. et phil. Dr.	22	Dom.	Inser. p. 35 b.
— Fabianus, Abt zu Camenz.	21	Camenz, Kloster.	Exech. p. 905.
— Gebauer, Petrus a Durgay, Canon., Kaiserl. Rath.	22	Kreuz K.	Inser. p. 54.
* — Gepert, George.	23	Hirschberg.	
— Glichia, Martha v., geb. Bergeria, von Cosma.	19	Ober Küpper, Kr. Sagan.	Act. Alterth. d. Vicar.-Amtes.
— Muller, Balth., Canon.	23	Dom.	Inser. p. 45.
— Mutschlitz, George v.	24	Hermsdorf, Kr. Glogau.	
* — Georg v., auf Herrnsdorf.	25	dito bei Jacobskirch.	
— Pfeil, Sus., geb. Gregersdorf.	18	Nimptsch.	Prov.-Archiv.-Acta Pfeil. person.
— Raussendorf, Hanns v., v. Gross Kleten.	20	Ohlau, Pfarr K.	Exech. p. 772.
— Reichau, Chr. v., auf Kl. Mohaus u. Berghof.	18	Gr. Mohaus, Kr. Schweidnitz.	Act. Alterth. d. Vicar.-Amtes.
— Schleva, Frau, auf Gr. u. Kl. Reichen.	27	Gr. Reichen, Kr. Lüben.	
— Scholz, Catharina u. Ursula.	29	Oppeln.	
— Dorothea, gest. 1630.	79	dito.	
— Schromms, Georg, Notar.	26	Greiffenberg.	
— Walde, Eva, geb. Zedtlitzin, a. d. H. Adelsbach, gest. 1621.	30	Damsdorf, Kr. Striegau.	
1627. Gelborn, G. Barbara.	30	Schwentnig, Kr. Nimptsch.	
— Leohard v.	30	dito. dito.	
— Lest, Jungfrau Marg. v.	25	Welkersdorf, Kr. Löwenberg.	
— Loosa, Sigm. v., auf Simbsen etc.	19	Granschütz, Kr. Glogau.	Act. Alterth. d. Vicar.-Amtes.
— Rosenkranz, Joh., Notar.	23	Winzig.	Staats-Archiv.
— Senftleben, Valentin, Consul.	23	Bunzlau, Pfarr K.	
— Stoeschius, Dan., Archidiakonus.	25	Winzig.	Staats-Archiv.
— Johann, Kind.	23	dito.	dito.
— Stosch, Casp. v., auf Gr. Tschirne.	19	Gr. Tschirnau, Kr. Guhrau.	Act. Alterth. d. Vicar.-Amtes.
— auf Gr. Tschirne u. Elgot.	28	dito. dito.	
1628. Kottwitz, Franz v., u. Nieba, auf Boiwitz.	22	Greiffenberg.	
— Krechwitz, Maria v., geb. Zabeltitzin.	26	Jakobskirch, Kr. Glogau.	

	Band.	Fund-Ort.	Quellen.
1628. Looss, Hedw. v., geb. v. Niebelschütz.	19	Grauschütz, Kr. Glogau.	Act. Alterth. d. Vicar.-Amtes.
— Mohl, Hedw. v., geb. v. Schweinichen.	27	Mühlrädlitz, Kr. Löben.	
— • Nicklaus v.	27	dito.	dito.
* — Schwobadorf, Abr. Sigm. v., auf Baumgarten und Langenhelmsdorf. Erstochen.	16	Baumgarten.	
1629. Geradorf, Rud. v., auf Weichau, Reusshayn.	27	Dom.	Inscr. p. 38 b.
— Mohl, David's v., Gattin.	27	Mühlrädlitz, Kr. Löben.	
— Niebelschütz, Anna v., geb. Breunin.	29	Gugelwitz, dito.	
— Nitsch, Paul Raphael, Canon. (Vietsch?)	22	Kreuz K.	Inscr. p. 57.
— Stübner, Casp., Pastor.	22	Münsterberg, Pfarr K.	Eszech. p. 845;6.
— Vietsch, Paul Raphael, Canon.	24	Kreuz K.	Seidl. Samml. p. 87.
1630. Nostitz, Georgius A.	24	Lobris, Kr. Jauer.	Ahnensaal.
* — Päcklerin, E....., geb. Seidlitzin.	25	Schedlau.	
— Schade, Marj., geb. Jander, Amtmannin.	28	Gr. Tschirnau, Kr. Guhrau.	
— Scheps, Jeremias, Kind.	26	Gircffenberg.	
— Skopek, Bahh., Senator, und	30	Oppeln.	
— • Hel., geb. Wiesenbargerin.	30	dito.	
1631. Fleischer, Gadfried, Kind.	28	Herrnstadt.	
— Reibnitz, Cath., geb. Zedlitzin.	26	Gruebel, Kr. Bolkenhain.	
— Schindler, Heur. a Printzendorf, Senator.	22	Frankenstein, Pfarr K.	Eszech. p. 873.
1632. Buchs, Margareta.	27	Qurissen, Kr. Steinau.	
— Kreckwitz, Abr. v., auf Wirchwitz, Gushz. Karisch.	26	Jarebekirch, Kr. Glogau.	
— Prittwitz, Ernst v., auf Laskowitz.	30	Brieg, Pfarr K.	Eszech. p. 479 c.
* — Rostok, Hans v., Kind.	30	Heunersdorf, Kr. Ohlau.	
— Seipp, Georg. Ingenieur zu Felde.	30	Ohlau, Pfarr K.	Eszech. p. 778.
1633. Gerbardin, Marie, verh. Paricius, a. d. Pest gest.	24	Magd. K.	Seidl. Samml. p. 104.
* — Tschirnhaus, Gottfr. v., auf Ob. Baumgarten.	16	Baumgarten.	
16334. Waneke, Daniel, u. Anna Martha, Kinder.	26	Gireffenberg.	
— Zedlitz, Jac. Albrecht, auf Boberstein.	23	Schildau.	
* — Zetritz, Frau Hedwig, auf Reussendorf.	26	Dittmannsdorf.	
*1634. Rostok, Monica v., auf Heinersdorf.	30	Heunersdorf, Kr. Ohlau.	
1635. Kloch, Wilh. v. Kornitz, auf Kybelow, Hauptm. Geblieben.	20	Brieg, Pfarr K.	Eszech. p. 471.
1636. Hernberat, Fr. v., und Dometzky auf Soffritz, der letzte seines Geschlechtes.	20	Brieg, Pfarr K.	Eszech. p. 430.
* — Mathias, Rudolf, Abt von Leubus.	21	Leubus.	
— Thomas, Andr., Rathmann.	20	Brieg, Pfarr K.	Eszech. p. 498.
* — Tschirnhausen, Georg v., auf Nd. Baumgarten, Petersdorf etc.	19	Baumgarten.	
*1637. Herrmann, Joach., Pastor, Dr. theol.	26	Elisab. K.	Seidl. Samml. p. 14.
— Looss, Hedwig v., geb. Stoschin.	21	Grauschütz, Kr. Glogau.	Act. Alterth. d. Vicar.-Amtes.
— Nostitz, Joh. Heinr. v., auf Gansendorf.	24	Lobris, Kr. Jauer.	Ahnensaal.
1638. Maleu, Gerhard v.	20	Brieg. Pfarr K.	Eszech. p. 498.
— Schiseh, Adam.	25	. . . .	Seidl. Samml. 197 b.
1639. Balthasar, Math., Fürstl. Liegn. Forstmeister.	28	Herrnstadt.	
— Schützen v. u. zu, 11. Ad., Obristl. Geblieben.	20	Brieg, Pfarr K.	Eszech. p. 485.
— • 11. Heinr., Obrist.	20	dito.	dito.
1640. Paricius, Joh., Pastor.	24	Magd. K.	Seidl. Samml. p. 96.
1641. Christophorus 11., Abt zu Camenz.	21	Camenz, Kloster.	Eszech. p. 906.
* — Korts, Abraham.	25	Brieg.	
* — • Johannes, gest. 1649.	25	dito.	
* — Posedowsky, Anna Magd. v., Kind.	20	Brieg, Pfarr K.	Eszech. p. 451.
* — • Dieselbe.	25	dito.	
* — Sauerma, Hans Ditrich, Frhr. v. d. Jeltsch.	27	Jeltsch.	
* — • Derselbe.	27	dito.	
— Schott, Martin v., Obristlieut. Erschossen.	20	Reichenstein, Pfarr E.	Eszech. p. 712.

	Band.	Fund-Ort.	Quellen.
1641. Therms, Joh. v., Sächs. General-Quartiermeister.	20	Brieg, Pfarr K.	Esech. p. 479c.
1642. Abachatz, Casp. v., auf Cammernig u. Kurschwitz.	21	Nobschötz.	• p. 915.
— Hennschel, Hans, u. Frau Salome, geb. Marschner.	17	Grottkau.	
• — Schröer, Thomas, J. C.	26	Elisab. K.	Seidl. Samml. p. 28b.
— • Urs., geb. Mehwaldin, gest. 1665.	26	dito.	dito.
1644. Hedlowiffhy, Chr. v. Hettlowa. Letzte s. Stammes.	20	Brieg, Pfarr K.	Esech. p. 468.
— Kottulinski, H. H. v. d. Jeltsch, auf Sebwirtsch.	20	dito. dito.	• p. 438.
— • Derselbe.	20	dito. dito.	• p. 437.
1645. HoffSchnorbein, II. II., gen. im Vortrupp. Gehlieb.	20	dito. dito.	• p. 460.
1646. Feigius, Joh., Pastor.	25	Winzig.	Staats-Archiv.
— Gunn, Jungfr. Elis. Tugendreich.	13	Ohlau.	
— Nostitz, Joh. Hertwig d.	24	Lobris, Kr. Jauer.	Ahnensaal.
— Rompel, Bartholomaeus.	16	Ratiborerhammer.	Act. Alterth. d. Vicar.-Amtes.
— Warnecke, Joach., Schwed. Obristlieut. Gehliebon.	21	Ohlau, Pfarr K.	Esech. p. 795.
1647. Bohn, Isaac., Obristlieut.	20	dito. dito.	• p. 747.
— Brandt, Hans Georg, Schwed. Lieut. Erschossen.	21	dito. dito.	• p. 784.
— Oeritius, Anna. geb. Klippelin.	20	Brieg. Pfarrk.	• p. 465.
— Gladis, Ladisl. v., u. Gladisgorb, auf Kl. Kaner.	23	Elisab. K.	Seidl. Samml. p. 128.
— Hadamer, Joh. Frdr., J. U. Dr.	26	dito.	dito. p. 19.
— • Helena, gest. 1676.	26	dito.	dito. dito.
— Lüttwitz, Balth.v., u. Löewitz, anfWasserJentsch.	25	dito.	dito. p. 137.
1648. Feldarhu, Dan., Schwed. Hptm., im Duell erschoss.	21	Ohlau, Pfarr K.	Esech. p. 786.
— Reussner, Joh. Christof, Erzpriester.	30	Gr. Moehbern, Kr. Breslau.	
— Schreiber, Hans, Schwed. Lieut. Geblieben.	20	Ohlau, Pfarr K.	• p. 767.
— Steiner, Joh., Pastor.	26	Wederau, Kr. Bolkenhain.	
1649. Berin, Barb. a Braun, verh. Rumbaum.	24	Magd. K.	Seidl. Samml. p. 104b.
• — Gunn, Joh., Königl. Schwed. Obrist.	30	Ohlau.	
— • Joh., Schwed. Obrist.	18	dito.	
— • Derselbe.	18	dito.	
— • Derselbe.	21	dito. Pfarr K.	Esech. p. 800.
— • Derselbe.	21	dito. dito.	• p. 789.
• — Sirghofer, Frhr. v. Sichersberg, Joh. v., auf Eichhols und Dohnau.	16	Liegnitz.	
1650. Cappaun, Albr. Weighardt, Obrist.	20	Reichenstein, Pfarr K.	Esech. p. 708,9.
• — Gebauer, Casp. Leop., Canon.	30	Martini K.	
— Habicht, Gregorius, Archidiakonus.	26	Glogau.	
— Marschalk, H. Onw., Quartiermeister. Geblieben.	26	Ohlau, Pfarr K.	Esech. p. 771.
• 1651. Benzoni, Hieronimus.	26	Glogau.	
• — • Derselbe.	26	Kreuz K.	Seidl. Samml. p. 84.
— Morsch, v. d., Joh. von Harten.	20	Reichenstein, Pfarr K.	Esech. p. 712.
— Seultz, Anna.	21	Rankau, Kr. Nimptsch.	
1652. Almenlor, Jobst v., gen. Tappe, Obrist auf Tappenberg etc.	19	Bertholsdorf, Kr. Reichenbach.	Act. Alterth. d. Vicar.-Amtes.
• — Borschnitz, Abr. v., a. Gr. Mohnau u. Tsipaskowitz.	21	Gross Mohnau.	
— Schaff, Dan., des Raths, und Tochter Rosina.	24	Elisab. K.	Seidl. Samml. p. 17b.
1653. Budeus, a Lobr, G. Laur., Canon.	21	Dom.	
— Janoffsky, Georg Sigmund v., Knabe.	27	Reichen, Kr. Löben.	
— Morganitsch, Franz v. Bergfeld a. Badaviel, Ritmstr.	20	Reichenstein, Pfarr K.	Esech. p. 711.
— • Derselbe.	20	dito. dito.	• p. 710.
— Swerts, Jul. Elis., Bar. v. Rest, geb. v. Burghausen.	21	Peterwitz.	• p. 917.
1654. Rothenburg, Wolf Ernemen v., auf Bartsch.	27	Rostersdorf, Kr. Steinau.	
• — Uihmann, Anna, verh. Hass ••••••, u. Mohnan.	21	Bettlern.	
1655. Trummerus, Philippus, Pastor.	21	Ohlau, Pfarr K.	Esech. p. 798.
— Zeidler, Casp., Bürgermeister.	24	Löwenberg, Kirchhofmauer.	
1656. Beceerus, Elis. und Maria, Zwillings-Kinder.	27	Kunitz, Kr. Liegnitz.	
— Birle, v., auf Mahlendorf.	20	Reichenstein, Pfarr K.	Esech. p. 712.

IV.   6

	Band	Fund-Ort	Quellen
1656. Huffnagel, Elias, Apotheker.	20	Ohlau, Pfarr K.	Ezech. p. 763.
— , Veronica, geb. Braunigin, gest. 1655.	20	dito. dito.	dito.
* — Niemitz, Caunradt v.	20	Gross Peterwitz.	
— Tarnau, Dan. v., a. Knhochmain, des Raths.	24	Magd. K.	Seidl. Samml. p. 106.
* — Zedlitz, Anna Maria, geb. Hachin.	16	Baumgarten.	
1657. Klinckoffsky, Anna Urs., Kind.	23	Nobschütz.	Ezech. p. 917.
— , Casp. v., Kind.	23	dito.	dito.
— Ploertner v.d.Höllen, Ernst, a. Gogelwitz, Pilsnitzr.	24	Elisab. K.	Seidl. Samml. p. 27 b.
— Saobisch, Val. v., auf Radoschowitz.	25	dito.	, p. 127 b.
* — Schaeffer, v. Grünenthal, Georg.	16	Sagan.	
* 1658. Hübner's, Balth., 2jährige Tochter.	29	Hirschberg.	
— Kottulinski, G. Moritz, v. d. Jeltsch.	20	Brieg, Pfarr K.	Ezech. l. p. 444.
* — Marescotti, Alphons, Comes.	27	Dom.	siehe auch Bd. VI.
— Rehdiger, W.v., u.d. Striesa, der Eltere, auf Schön- born, Schliewa u. Ruchs.	25	. . . .	. . . .
* — Reichenbach, Anna v., geb. Landskron.	23	Ingramsdorf.	. . . .
1659. Lentnirus, Tob., Pastor.	21	Ohlau, Pfarr K.	Ezech. p. 796.
— Looss, Sigm. v., auf Simbsen, Bautsch, Dammer.	19	Gramschütz, Kr. Glogau.	Act. Alterth. d. Vicar.-Amtes
— Nostitz, Otto Conrad v.	30	Zedlitz, Kr. Steinau.	
1660. Danewitz, Joa. Heinrich v., auf Karbischau.	20	Brieg, Pfarr K.	Ezech. p. 474.
— , Eger, Matthaeus, Rechtsverwandter.	18	Gr. Glogau, Dom.	Act. Alterth. d. Vicar. Amtes
— Frimelius, Joh., Diakonus, Professor.	24	Elisab. K.	Seidl. Samml. p 23 b.
— Hegewald, Georg v., a. Wenigmohnau, Berghof etc.	16	Gr. Mohnau, Kr. Schweidnitz.	Act. Alterth. d. Vicar.-Amtes
* — Hegewaldt, Georg v., Obristlt., auf Wenigmohnau.	21	Gr. Mohnau.	
— Louise, Tocht. des Hern. v. Liegn., Brieg u. Wohlau.	17	Ohlau.	
1661. Albert, Casp., Pfarrer.	18	Langwasser, Kr. Löwenberg.	Act. Alterth. d. Vicar.-Amtes
— Efferen, Christ. v., Inschrift.	18	Ohlau.	
— Goskius, Isaias, Archidiakonus.	25	Winzig.	Staats-Archiv.
— Lentwitz, Joach. v., u. Schlabitz, a. Nd. Mechau.	28	Herrnlauersitz, Kr. Guhrau.	
* — Liesch ab Hornau, Joh. Balth.	27	Dom.	s. auch Bd. VI, VII, IX.
— Simon, Ill. Abt zu Kamenz.	21	Camenz, Kloster.	Ezech. p. 906.
— Spiller, ·····, geb. v. Reder.	30	Bertholadorf, Kr. Hirschberg.	
1662. Abschatz, G. Fr.v., a. Camin, a. Wirbitz u. Insterwitz.	25	Elisab. K.	Seidl. Samml. p. 128.
* — Kreckwitz, Hedw. v., geb. Schweinitzin.	24	Jakobskirch, Kr. Glogau.	
— Lements, Cyprian, Röm. Kais. Hptm.	25	Wrderau, Kr. Rothenhain.	
— Niechsch, Georg, Reutschreiber.	29	Goldberg.	
1663. Friemel, Anna Marg.	25	Winzig.	Staats-Archiv.
— Luhmüller, Georg, Seelsorger.	27	Gimmel, Kr. Wohlau.	
— Schindel, Jungfrau Hel. Sus. v. (Methau).	18	Methau?	
— , Jungfr. Susanna v., auf Methau.	30	Kl. Kniegnitz, Kr. Nimptsch.	
— Seliger, Joh.	25	Winzig.	Staats-Archiv.
— Steudner, Jerem., stud. theol.	26	Greiffenberg.	
1664. Christina, Ludwig, herzoglichen Kind.	16	Ohlau.	
— Heyde, Maria v. d., geb. v. d. Heyde.	19	Költschen, Kr. Reichenbach.	Act. Alterth. d. Vicar.-Amtes
— Hoppe, Gottfr., Schulkollege.	24	Löwenberg, Begräbniskapelle.	
— Luck, Nic., Fridricus v.	27	Mlitsch, Kr. Steinau.	
— Nostitz, Sigismundus A.	24	Lobris, Kr. Jauer.	Ahnensaal.
* — Schweinichen, Joh. Sigm. v., auf Schweinhaus.	17	Schweinhaus.	
— Zacherle, Casp. Ign., Prior.	24	Kand K.	Seidl. Samml. p. 118.
1665. Gerhard, Hel., geb. Lange.	18	Ohlau.	
— Hempelius, Gudfrid, Pastor, poet. laur.	27	Rostersdorf, Kr. Steinau.	s. auch Bd. VI.
— Hund, A. Maria, geb. v. Sitzschin.	19	Költschen, Kr. Reichenbach.	Act. Alterth. d. Vicar.-Amtes
— Ketzlerus, Jerem. Carolus, Jüngling.	24	Magd. K.	Seidl. Samml. p. 95.
* — Weberus, Ananias, Dr. theol., Pastor.	26	Elisab. K.	p. 23 b.
1666. Casparus, Abt zu Camenz.	21	Camenz, Kloster.	Ezech. p. 906.
— Eicke, Joh. Elis. v., Kind.	19	Költschen, Kr. Reichenbach.	Act. Alterth. d. Vicar.-Amtes

	Band.	Fund-Ort.	Quellen.
1666. Richter, Melchior, Adrokat.	24	Elisab. K.	Seidl. Samml. p. 10b.
— , Melchior.	20	dito.	dito.
— Stolserus, Joh., Pastor u. Senior.	25	Winzig.	Staats-Archiv.
— Subius, Paul.	24	Magd. K.	Seidl. Samml. p. 98.
— Voltgen, Sigm. v., auf Saegewitz.	25	Elisab. K.	dito. p. 123.
1667. Flechiner'sche Familie.	25	Winzig.	Staats-Archiv.
— Saurma, Elis. Magd., Bar. v., geb. v. Seidlitz.	21	Raaben, Kr. Nimptsch.	
— , Leithold, Frhr. v. d. Jeltsch, auf Burg-lehn Auris etc.	25	Elisab. K.	Seidl. Samml. p. 128b.
— Schindel, Gottfr., auf Ober-Hermsdorf.	23	Hermsdorf, Kr. Hainau.	
1668. Boettner, Damian, Pastor.	22	Lauban.	
— Knobelsdorf, Max v.	29	Pilgramsdorf, Kr. Hainau.	
— Schaffgotsch, Hedwig, geb. Schaffgotsch.	30	Jannowitz, Kr. Schönau.	
— Schoepz. Bakh., Schöppe.	24	Löwenberg, Begräbnisskapelle.	
1669. Chorschwand, Chr., Frhr. v., K. K. Obristlieut.	26	Dietzdorf, Kr. Neumarkt.	
— Gregersdorf, Hans Heinr. v.	30	Naselwitz, Kr. Nimptsch.	
— Schleicherus, Godofredus, Diakonus.	25	Winzig.	Staats-Archiv.
— Seidlitz, Abr. v., u. der Kuhnau, auf Struse.	24	Elisab. K.	Seidl. Samml. p. 34.
1670. Hocke, Laurent Vincent, parochus.	80	Jäschgüttel, Kr. Breslau.	
* — Kallenbach, Eva v., geb. Kallenbach.	21	Domslau.	
— Slewitz, Frdr. v.	18	Leurhsitz.	Act. Alterth. d. Vicar.-Amtes.
— Thubessin, Bland. Maria, geb. Hayntzin.	25	Winzig.	Staats-Archiv.
1671. Blüdowsky, Wilh. v., auf Nd. Blüdowitz.	20	Brieg, Pfarr K.	Enoch. p. 432.
* — Gebell, Gottfr. Carl, Canon.	37	Dom.	
— Hentschel, Frdr., des Raths, Prokonsul.	39	Goldberg.	
— Nostitz, Caspar v.	19	Bertholdsdorf, Kr. Löwenberg.	Act. Alterth. d. Vicar.-Amtes.
— Rehtel's, C. G., Böhmlein.	27	Randten, Kr. Steinau.	
* — Rautsh, Sebastian, Bischof.	27	Dom.	s. Bd. VI.
— Suebisch, Dan. v., u. Mühlen, der Stadt Prines.	24	Elisab. K.	Seidl. Samml. p. 27b.
— Vippach, H. Sigm., auf Schwarze, Reussendorf, Baerwalde.	18	Bärwalde, Kr. Münsterberg.	Act. Alterth. d. Vicar.-Amtes.
1672. Baudiss, C. Sigm., Kind.	20	Ohlau, Pfarr K.	Enoch. p. 771.
— Heintz, Ernst Jacob, Knabe.	25	Winzig.	Staats-Archiv.
— Lilgenau, A. Justina, geb. v. Roessel.	18	Ohlau.	
* — , Dieselbe.	21	dito Pfarr K.	Enoch. p. 778.
* — Lilgenauw, A. Just. v., geb. v. Börstelt.	30	dito.	
— Nostitz, Casp. v., u. Rottenber, auf Bertoledorf.	21	Berthelsdorf, Kr. Lauban.	
— Rosenthal, Hcrymann s. Joan. Henr., Dr.	27		
1673. Ebersbach, Mar. Magd., geb. Scholtz, Pastorin.	25	Mühlsdiditz, Kr. Löben.	
— Koerkritz, Andr. v., u. Friedeland, auf Tharnau.	17	Hohen Poseritz, Kr. Schweidnitz.	
1674. Schröer, Joh., des Raths.	20	Brieg, Pfarr K.	Enoch. p. 494.
— , Hedw., geb. Klippelin, gest. 1695.	20	dito. dito.	dito.
— Spiegel, Heinr. v., u. d. H. Hellmsdorf.	20	dito. dito.	Enoch. p. 461.
1675. Diebitsch, ·····, auf Mlitsch.	27		
— Dyherrn, Marj. Soph. v., geb. v. Leutwitz.	27	Rostersdorf, Kr. Steinau.	
— Falkenhayn, ·····, auf Rothkirch.	26	Rothkirch, Kr. Liegnitz.	
— Haupt, Jeremias, Pastor.	27	Randten, Kr. Steinau.	
— Heyde, A. Magd. v. d., geb. v. Zedlitz.	19	Költschen, Kr. Reichenbach.	Act. Alterth. d. Vicar.-Amtes.
— Hochberg-Fürstenstein, Heinr. Christof, Graf v.	26	Rohnstock, Kr. Bolkenhain.	
1676. Heunig, Dor., geb. Petzold.	27	Randten, Kr. Steinau.	
— Hocke, Asman v.	27	Gr. Reichen, Kr. Löben.	
— Janke, Tobias Martinus, Pfarrer.	18	Märzdorf am Bober.	Act. Alterth. d. Vicar.-Amtes.
— Nostitz, Christophor A, v. d. H. Reichenbach.	22	Lobris, Kr. Jauer.	Ahnensaal.
— Rehdiger, Chr. v., u. Strise, auf Kohla u. D. Hammer.	25	Elisab. K.	Seidl. Samml. p. 137b.
— Rölckons, Caspar.	25	Winzig.	Staats-Archiv.
— Trummerus, Philipp, Pastor.	20	Ohlau, Pfarr K.	Enoch. p. 744.

6*

44

Band.		Fund-Ort.	Quellen.
1676.	Tscherning, Joannes.	24	Löwenberg, Begräbniss-K.	
• —	Uthmann, Marg., geb. Seidlitzin.	20	Neumarkt.	
—	Vogel, Anna Catharina.	19	Tarnowitz.	Act. Alterth. d. Vicar.-Amtes.
1677.	Brücker, Ambros., Pfarrer.	19	Neumarkt, Pfarr K.	dito.
—	Jaroschin, Graf Jul. Ferd., u. Frau	19	Breslau, Elisab. Kloster K.	dito.
—	Anna Ther., geb. Gräfin Dohna.	19	dito. dito.	dito.
—	Kaschube, Joh. Sal., Fürstl. Ambts-Verwalter.	21	Ohlau, Pfarr K.	Ezech. p. 312.
—	Mohl, Cath. v., geb. v. Nimptschin.	20	Gross Rosen, Kr. Striegau.	
—	Nostitz, Hel., verh.	26	Haenlicht, dito.	
—	Pestalucci, Octavius, Jüngling.	24	Magd. K.	Seidl. Samml. p. 98 b.
• —	Schweinichen, Joh. v., auf Mertschütz.	22	Mertschütz, Kr. Jauer.	
—	Hanns v., auf Mertsch, Shot etc.	25	dito. dito.	
—	Weiss, Maria, geb. Neillerin.	26	Rothkirch, Kr. Liegnitz.	
1678.	Arnst, Adam Caspar v.	14	Magd. K.	Seidl. Samml. p. 99.
• —	Casparus ab.	26	dito.	» p. 108.
—	Doebner, Casp. Ernst, auf Dobrohausen.	20	Brieg, Pfarrkirche.	Ezech. p. 438.
—	Haupt, Joh., Ober-Steuer-Einnehmer.	20	dito. dito.	» p. 502/3.
—	Heers, Joh. Nathan, u. Anna Maria, Kinder.	22	Lauban.	
—	Kirchner, Joh. Friedr., Canon.	26	Glogau.	
—	Lerchenberger, Josua, Pastor.	27	Reuhersdorf, Kr. Steinau.	
—	Sanoqui, Ant., Cantor.	22	Lauban.	
1679.	Eidner, Tob. Jos. v.	19	Tarnowitz.	Act. Alterth. d. Vicar.-Amtes.
—	Frümel de Witte, Martin, auf Crummenlinde.	17	Gr. Reichen, Kr. Löben.	
—	Hoffmannswaldau, Chr. v., auf Arnoldmühle.	14	Elisab. K.	Seidl. Samml. p. 28.
—	Neumann, Hedwig, geb. Wachtel.	20	Brieg, Pfarr K.	Ezech. p. 467.
—	Nostitz, Otto d.	24	Lobris, Kr. Jauer.	Ahnensaal.
• —	Oberg, Casp. Henric. ab.	27	Dom.	a. Bd. II. u. VII.
—	Rhediger, Il. Chr. v., auf Kahle u. Sponsberg.	25	Elisab. K.	Seidl. Samml. p. 127 b.
—	Senitz, Jungfrau Anna.	21	Raschau, Kr. Nimptsch.	
—	Spiller, Conradt v., zu Matzdorf.	23	Würschendorf, Kr. Löwenberg.	
• —	Tschirnhaus, Georg Sigm., auf Wederau, Falkenberg.	16	Baumgarten.	
—	Wagner, A. Elis., geb. Rethel.	19	Hirschfelden, Kr. Sagan.	Act. Alterth. d. Vicar.-Amtes.
—	Zollighoffer, Chr., Kammer-Dirktor.	20	Brieg, Pfarr K.	Ezech. p. 479b.
1680.	Hase, Jacob, Pfarrer.	21	Frankenstein, Pfarr K.	» p. 868.
—	Teichmann, Anna, verh. Herrmann, Pastorin.	30	Zedlitz, Kr. Steinau.	
— '	Wunsch, Nic. v., u. Piscorzine, auf Neudorf.	25	. . . .	Seidl. Samml. p. 197b.
1681.	Bibran, Il. Chr., auf Nied.-Damnsdorf.	20	Damsdorf, Kr. Striegau.	
—	Dreyschuch, Mart., Rentamts-Verwalter.	26	Löwenberg.	
—	Hund, G. Wilh., Kind.	20	Brieg, Pfarr K.	Ezech. p. 502.
—	Thiel, Matth., u. Frau.	19	Schönbrunn, Kr. Sagan.	Act. Alterth. d. Vicar.-Amtes.
1682.	Brunetti, Jac. Joh., General-Vikar.	24	Dom.	Seidl. Samml. p. 70b.
—	Diebitsch, Ernst Gottfr. v.	23	Herrmannersitz, Kr. Guhrau.	
—	Estinger, A. Maria v., a. der Lohe, geb. v. Sebisch.	26	Wederau, Kr. Bolkenhain.	
—	Fridericus, Abt zu Kamenz.	21	Camenz, Kloster.	Ezech. p. 906.
—	Hallmann, u. Strachwitz, Sab. Const. v., Mädchen.	18	Löben.	
—	Kreckwitz, Fr. Sigm. Alex. v., Kind.	25	Wederau, Kr. Bolkenhain.	
—	Sebisch, A. M. v., geb. Schmid v. Schmiedefeld.	25	Wederau, Kr. Bolkenhain.	
—	Steinberg, A. M. v., geb. v. Schmid u. Schmiedefeld.	29	Goldberg.	
—	Teiler, Joh., Festungs-Ingenieur.	25	Casel.	
•1683.	Krause, Gottfr. Elm., u. Frau Rosa, geb. Heinrichin.	26	Elisab. K.	Seidl. Samml. p. 15 b.
—	Nostitz, Joh. Hertwig, Caspar de.	23	Lobris, Kr. Jauer.	Ahnensaal.
—	Bernh. v., auf Zedlitz u. Leuswitz.	29	Zedlitz, Kr. Steinau.	
—	Leonh. v., siehe 1659.	30	dito. dito.	
—	Rothkirch, Anna, geb. v. Promnitz, a. Ob. Schmitz.	27	Gr. Riauersdorf, Kr. Löben.	
—	Schrams, Carl, auf Schimmelwitz.	26	Rothkirch, Kr. Liegnitz.	

Christoph R. Börgermann.

	Band.	Fund-Ort.	Quellen.
1683. Schulze, Georgius, Handelsmann.	24	Löwenberg, Begräbniss K.	
— Wolff, Gottfr. Ferd., Erzpriester.	18	Lähn.	
1684. Engel, Georg, Landes-Kassen-Buchhalter.	17	Ohlau.	
— ● Derselbe.	20	dito.	Eszch. p. 747.
— Glaubitz, Kœnig., geb. von Bibran.	20	Damsdorf, Kr. Striegau.	
— Sprchtitz, Dan. v., Böhmischer Prediger.	30	Schwentnig. Kr. Nimptsch.	
— Stosch, Hans Frdr. v.	27	Gross Rinnersdorf, Kr. Lüben.	
— ● II. F. v. S.	27	dito. dito.	
1685. Kartscher, Daniel, Diakonus.	20	Brieg, Pfarr K.	Eszch. p. 436.
— ● Eva. geb. Bochin, gest. 1674.	20	dito. dito.	dito.
— Prittwitz-Gaffron, H. M. v., Würtemb. Stallmeister.	19	Bernstadt.	
* — Uthmann, Sebald v., u. Kathra etc.	20	Neumarkt.	
1686. Glaubitz, Jungfr. Hedwig v.	30	Steinsdorf, Kr. Hainau.	
— Latoffsky, A. Hel. v., Kind.	20	Damsdorf, Kr. Striegau.	
— Letsch, Joh. Chr., Pastor.	20	Brieg, Pfarr K.	Eszch. p. 496.
— ● Jungfrau Maria Magdalena.	20	dito. dito.	● p. 496.
— Nentwig, David, Hospital-Vorsteher.	20	dito. dito.	● p. 447.
— ● Barb., geb. Hoffmann, gest. 1695.	20	dito. dito.	dito.
* — Tschirnhaus, Cath., geb. v. Reibnitz (Wederau).	16	Baumgarten.	
*1687. Frankenberg, Hans Wolf Frhr. v., Obristlieut.	21	Burheiwitz.	
— Niebelschütz, Ernst v., u. Hirtschütz.	27	Randten, Kr. Steinau.	
— Nostitz, Joh. Ant., Graf v., u. Falckenaw etc.	22	Lobris, Kr. Jauer.	Ahnensaal.
— Springer, Ros., geb. Gründern.	26	Polckwitz.	
— Stosch, Hans Sigm. v.	27	Gr. Rinnersdorf, Kr. Lüben.	
— Würffel, Joh., Tuchmacher-Ober-Eltester.	26	Loewenberg.	
1688. Blothner, Wilh., Zoll-Gefäll-Einnehmer.	27	Randten, Kr. Steinau.	
— Nostitz, Otto, Graf v., auf Seitenberg.	22	Lobris, Kr. Jauer.	Ahnensaal.
— Schkopp, Frau Anna Maria v.	27	Militsch, Kr. Steinau.	
1689. Netz, F. H. v., auf Weigelsdorf u. Nd. Peilau.	19	Weigelsdorf, Kr. Frankenstein.	Act. Alterth. d. Vicar.-Amtes.
— ● Heinr. v., auf Weigelsdorf.	25	....	Seidl. Samml. p. 203 b.
1690. Fromhold, Ph. Max, phil. Mag.	19	Alt Kemnitz, Kr. Hirschberg.	
— Nostitz, Hartvicius, baro de, Karthäuser Ordens.	22	Lobris, Kr. Jauer.	Ahnensaal.
— Rohrscheit, Joh. Leopold v., Kind.	21	Ohlau, Pfarr K.	Eszch. p. 819.
— Stach, Matthaeus, Pfarrer.	25	Nilbau, Kr. Glogau.	
— Tschersch, Chr. Frdr. v. Steinitz.	27	Steudnitz, Kr. Hainau.	
— Tscheschin, A. Magd. v., geb. Zedlitzin.	27	dito. dito.	
1691. Dudenhausen, Herrmann v.	27	....	Siehe Bd. VI.
— Mauer, Joh., des Raths, Bildhauer.	22	Lauban.	
— Metz, Christof, Stadt-Vogt.	21	Ohlau, Pfarr K.	Eszch. p. 808.
— Nostitz, Ferd., Frhr. v., auf Tham.	22	Lobris, Kr. Jauer.	Ahnensaal.
— ● Chr. Wenc., Graf von.	22	dito. dito.	dito.
— Schönwiese, Pfarrer.	19	Neumarkt, Pfarr K.	Act. Alterth. d. Vicar.-Amtes.
— Sommerfeld, F. Albr. v., auf Jacobsdorf etc.	30	Ob. Alzenau, Kr. Hainau.	
— Stoessel, Chr. v., auf Tscheschen.	27	Gimmel, Kr. Woblau.	
1692. Kirstenius, Balth. Aug., Vice-Decanus.	26	Glogau.	
— Moerlin, Joh. Zach., Pastor u. Frau.	24	Mertschütz, Kr. Jauer.	
— Nostitz, Ludw., Comes de, in Winsaw, Randen etc., G. R.	24	Lobris, Kr. Jauer.	Ahnensaal.
— Zahn, J. Carl, Erzpriester.	25	Glogau.	
1693. Luck, A. Marj. v., geb. v. Esslingen.	19	Kaiserswaldau.	Sinap. II. p. 614.
— Mercator, Mich. Gabriel, Pastor.	19	Liebenzig, Kr. Freistadt.	Act. Alterth. d. Vicar.-Amtes.
* — Neander-Petersheiden, Weibbischof, u. Fraundorf.	19	Dom.	s. Bd. III.
— Nimptsch, Frdr. v., u. sein Sohn Friedrich.	19	Habendorf, Kr. Frankenstein.	Act. Alterth. d. Vicar.-Amtes.
— Schoeps, George, Bäckerältester.	26	Löwenberg.	
— Stosch, Chr., Pastor.	27	Gross Rinnersdorf, Kr. Lüben.	
— Strzela, Jaroal. v., Landes-Eltester.	18	Ohlau.	

	Band.	Fund-Ort	Quellen.
1693. Strzela et Obrowia, Jaroel. v., u. Frau	16	Ohlau.	
— » geb. Bar. Zaradee.	16	dito.	
— » Jaroel. v., u. Obhowitz, auf Steinau, Landes-Eltester.	21	Ohlau. Pfarr K.	Esech. p. 792.
*1694. Prittwitz, Balth. Moritz v., auf Gellendorf.	17	Stroppen.	
1695. Caesar, Chr., Kantor u. Schulkollege.	21	Ohlau. Pfarr K.	Esech. p. 810/11.
— Lestwitz, J. Ernst v., auf Ober-Schabitz.	27	Rosterndorf, Kr. Steinau.	
— Mudlich, Adalbert, Pfarrer. Ermordet.	18	Langwasser, Kr. Löwenberg.	Act. Alterth. d. Vicar.-Amtes.
— Nostitz, Georg Otto v.	30	Zedlitz, Kr. Steinau.	
— » Charl. Eleon. v., geb. v. Gersdorf.	30	dito. dito.	
— » Otto Leonh. v.	30	dito. dito.	
— » Georg Otto v.	30	dito. dito.	
— Scheckelin, Martha, geb. v. Bogen-Fiebigen.	30	Alt Kemnitz, Kr. Hirschberg.	
— Thilo, Barb., Schulkollegen-Wittwe.	21	Ohlau, Pfarr K.	Esech. p. 808.
— Zollicoffer, A. Eleon., geb. v. Däringsfeld.	19	Arnsdorf, Kr. Brieg.	Sinap. II. p. 1142.
1696. Absebatz, H. Baltzer v., u. Camin, auf Pirsne.	33	Rosterndorf, Kr. Steinau.	
— Panwitz, Henr. Amalie v.	30	Gaebersdorf, Kr. Striegau.	
— Schwusen, Hedw. v., geb. Breunia.	28	Schabrnau, Kr. Guhrau.	
— Spiller, E. Abr. Alex. v., Kind.	25	Krtschdorf, Kr. Schdnau.	
— Springer, Sabine, geb. Mayer, Hofprediger.	19	Bernstadt.	
— Tiepolt, Joh.Jul., geb.Koldincherin, Wirths.-Hptm.	30	Alt Kemnitz, Kr. Hirschberg.	
1697. Borwitz, Leonh. v., auf Kotz.	29	Koitz, Kr. Liegnitz.	
— Falkenhan, Ernst v., auf Conradswaldau.	26	Wederau, Kr. Bolkenhain.	
— Haugwitz, Wolf Heinr. v. Ermordet.	30	Zobten, Kr. Schweidnitz.	
1698. Gregersdorf, v., a. d. H. Ranchwitz.	21	Rankau, Kr. Nimptsch.	
— Seherr, Gottfr. v.	19	Tanuhausen, Kr. Waldenburg.	Act. Alterth. d. Vicar.-Amtes.
— Senitz, Nic. v., u. Rudelsdorf, auf Ranchau.	21	Rankau, Kr. Nimptsch.	
— » Derselbe.	21	dito. dito.	
1699. Moerlin, Eleon., geb. Hoefchen.	24	Mertschütz, Kr. Jauer.	
— Mohl, Nielas v., auf Mühlrsdlitz.	27	Mühlrsdlitz, Kr. Lähen.	
— » Mar. Elis. v., geb. ······.	27	dito. dito.	
— Panwitz, v., todtgeborner Knabe.	30	Gaebersdorf, Kr. Striegau.	
— Zeidler, Val., Rücker-Ober-Aeltester.	25	Löwenberg.	
16··. Rothkirchen, Anna, geb. Hobergen.	29	Zedlitz, Kr. Steinau.	
1700. Bleyel, Chr., Pastor.	27	Rauditen, Kr. Steinau.	
— Gersdorf, Cath. Elis. v., geb. v. Schickfuss.	24	Mertschütz, Kr. Jauer.	
— Panwitz, H. Ad. Augustus v.	30	Gaebersdorf, Kr. Striegau.	
— Schlegenberg, A. Loysa, Gräfin. v., geb. Gräfin v. Oelborn.	30	Rogau, Kr. Schweidnitz.	
— Schweinitz, M. Hel. v., geb. ······.	26	Wolkersdorf, Kr. Löwenberg.	
— Vielstich, Heinr., Maler u. Frau	27	Rauditen, Kr. Steinau.	
— » geb. Hepler, gest. 1708.	27	dito. dito.	

Siebenzehntes Jahrhundert.

1701. Ende, Sus. Elis. v., geb. v. Glaubitz.	26	Schnndorf, Kr. Löwenberg.	
1702. Adalbertus, Abt.	19	Sagan.	Act. Alterth. d. Vicar.-Amtes.
— Augustinus, Abt zu Camenz.	21	Camenz, Kloster.	Esech. p. 906.
— Ebertz, Joh. Leonhard v.	19	Rake, Kr. Oels.	Sinap. II. p. 602.
* — Schleswig-Holstein, Herzog Frdr. Leopold v.	27	Dom.	s. Bd. VI.
— Strachwitz, Carl v., auf Gebnsdorf, u. Frau	21	Klein Kreidel, Kr. Wohlau.	
— » Elis. v., geb. Henglin.	21	dito. dito.	
1703. Nostitz, Otto Sigm. v., a. Lahsen, Peterwitz, Sara etc.	17	Lassan, Kr. Striegau.	
1704. Bretschneider, Math. Jar., Canon.	18	Gr. Glogau, Dom.	Act. Alterth. d. Vicar.-Amtes.
— » Derselbe.	24	Dom, Glogau.	
— Frankenberg, A. Maria v., geb. v. Prittwitz.	19	Reichen.	Sinap. II. p. 84.

	Band.	Pand-Ort.	Quellen.
1704. Horning, Casp., Pastor.	27	Pilgramsdorf, Kr. Löben.	
— Tschammer, Urs. Hel. v., geb. v. Schindel.	20	Domsdorf, Kr. Striegau.	
1705. Goebel, Abraham.	22	Löwenberg.	
— Schellwig, Benjamin, Lehrer. ﻋﺎﺟﺮﻣ	27	Strendnitz, Kr. Hainau.	
— Wagner, Dor., geb. Eyemachin.	19	Hirschfeldau, Kr. Sagan.	Act. Alterth. d. Vicar.-Amtes.
1706. Droessel, Georg Heinr. v. d., auf Ndr. Steinberg.	30	Pilgramsdorf, Kr. Hainau.	
* — Hein, Balth. Leop. v., auf Fischbach u. Matzdorf.	29	Fischbach.	
* — Tharould, Leopold Wilh., Frhr. v.	27	Dom.	s. Bd. VI.
1707. Beyer, A. Ros., geb. Gleisberg.	26	Löwenberg.	
— Schweinichen, E. Christ. v. Erotochou.	18	Jauer.	
1708. Feuereisen, Andr., Kaufmann.	26	Glogau.	
* — Klüx, u. Gross Hennersdorf, Wolf Heinr.	20	Neumarkt.	
* — Kottulinski, Hans v., auf Ezsdorf.	16	Stroppen.	
— Panwitz, Frdr. Wilh. v.	20	Gaebersdorf, Kr. Striegau.	
— · Frdr. Wilh. v., Knabe.	20	dito. dito.	
— Bach, Heinr. Oswald v., auf Lähchen etc.	28	Herrnlauersitz, Kr. Guhrau.	
— Schweinitz, Sus. Magd. v., geb. v. Hund.	19	Tschepplau, Kr. Glogau.	Act. Alterth. d. Vicar.-Amtes.
— Unbekannt.	18	Gr. Glogau.	dito.
1709. Bibran u. Kittlitztreben, L. Chr. v.	30	Steinsdorf, Kr. Hainau.	
* — Frankenberg, Magd., Gfin., geb. v. Hoberg.	24	Gr. Glogau, Jesuiten K.	
— Glaubitz, Maurit. v., auf Ober Steinsdorf.	30	Steinsdorf, Kr. Hainau.	
— Hocke, H. G., Fleischer-Ob.-Aelt., u. Frau, gest. 1732.	25	Glogau.	
— Netz, J. Ernst v., u. Weigelsdorf.	19	Schlause, Kr. Münsterberg.	Simap. II. p. 836.
— Praschma, St. v., Graf, u. Frau, geb. Gräfin Wirben.	19	Lassoth, Kr. Neisse.	Act. Alterth. d. Vicar.-Amtes.
* — Schliebenheim, Georg Frdr. v.	18	Breslau, Seminar K.	
— Zedlitz, Joh. Chr., Frhr. v., Schwed. Rittmeister.	30	Gugelwitz, Kr. Löben.	
1710. Erben, J. G. Franz, Pfarrer.	19	Neumarkt, Pfarr K.	Act. Alterth. d. Vicar.-Amtes.
— Panwitz, Charl. Elis. v.	20	Gaebersdorf, Kr. Striegau.	
1711. Büttner, Marie, geb. Schaefer, vom Grünen Thal.	27	Raudten, Kr. Steinau.	
— Falkenhayn, Urs. Mariana v., geb. v. Uechtritz.	27	dito. dito.	
— Greger, Balth. Franz, Pfarrer.	18	Greiffenberg.	Act. Alterth. d. Vicar.-Amtes.
— · Jubilar.	18	dito.	
— Knoerich, Balth. Ant., Pfarrer, gest. 1750.	18	dito.	Act. Alterth. d. Vicar.-Amtes.
— Luck, E. Heinr. v., auf Mlitsch, Mochau etc.	27	Mlitsch, Kr. Steinau.	
1712. Claussnitz, H. Ernst v., auf Treschen.	29	Malckwitz, Kr. Breslau.	
— · Hel. v., geb. Lochhin.	29	dito. dito.	
— Falkenhayn, G. Frdr. v., auf Brodelwitz.	27	Raudten, Kr. Steinau.	
— Knobelsdof, Joh. Chr. de, in Ob. u. Ndr. Leippa.	25	. . . .	Heidl. Samml. p. 216.
* — · Joh. Christianus de.	26	. . . .	dito.
— Nostits-Rieneck, C. W., Graf v., Wirkl. Geh. Rath.	19	Schweidnitz, Kapuziner.	Simap. II. p. 159.
— Schweidnitz, Abr. Sigm. v., u. Kutsche Borwitz.	18	Wintzig.	
1713. Brand, S. Herrmann, Pfarrer.	21	Sachwitz, Kr. Neumarkt.	
— Panwitz, H. Ad. v., und Alten Lomnitz.	20	Gaebersdorf, Kr. Striegau.	
— Zedlitz, Joach. Frdr. v., Landes-Eltester (Johnsdorf etc.).	17	Würben, Kr. Schweidnitz.	
1714. Ertel, Christ., Consul.	26	Glogau.	
— Langer, Matthaeus, Kaiserl. Zoll-Einnehmer.	28	Gr. Tschirnau, Kr. Guhrau.	
— Niesemeuschel, Chr. Frdr. v.	18	Wintzig.	
— Reibnitz, G. Fr. v., auf Langenhelwigsdorf.	26	Langhelwigsdorf, Kr. Bolkenhain.	
— Spiller, Fr. Alex. v., auf Ketzschdorf.	30	Ketschdorf, Kr. Schönau.	
— Tschammer, Hiob Gotth. v., u. Dromsdorf u. Lohnig.	20	Dromsdorf, Kr. Striegau.	
— Tschepe, David v., Dänischer General-Adjudant.	20	Glogau.	
1715. Blockmann, Joh. Jerem., Hof-Gerichts-Assessor.	23	Löwenberg.	
— Bricsen, G. Frdr., auf Andersdorf.	25	Glogau.	
— Brinckmann, Jungfrau Cath. Elis. Charl.	18	Wohlau.	
— · Haugwitz, Chr. Gotth. v., auf Mittel-Rostersdorf.	27	Rostersdorf, Kr. Steinau.	

	Band.	Pfarr-Ort.	Quellen.
°1715. Schindel, ... v., geb. Nimptschützin.	19	Schonaitz bei Canth.	
1716. Churschwand, Graf L. Leop. v., K. K. Kämmerer.	96	Dietzdorf, Kr. Neumarkt.	
— Loss, Hanss Wolfram v., auf Gr. Osten, Niebe etc.	33	Herrnlanersitz, Kr. Guhrau.	
— Schäller, Sam., Schöpffen-Assessor.	36	Herrnstadt.	
— · Urs. Marj., geb. Gaehrin, gest. 1731.	26	dito.	
— Schottendorf, Casp. Benj. v., Offizier. Erbrhonsern.	16	Ohlau.	
1717. Lamp, Joh. Berah., Chirurg.	25	Glogau.	
— Reichwald u. Kaempffen, C. G., a. Mittel-Steinsdorf.	30	Steinsdorf, Kr. Hainau.	
° — ? Schindel, Bernh. v., auf Rudelstadt.	39	Rudelstadt.	
— Spiller, Barb. Elis. v., geb. v. Glaubitz.	25	Ketschdorf, Kr. Schönau.	
1718. Glaubitz, Leop. Sigm. v., Kind.	25	Seitendorf, dito.	
— Nostitz u. Noess, Georg Abrah. v.	30	Herzogswaldau, Kr. Löhen.	
— Reichwald u. Kaempffen, U. Marg. v., gb. v. Bibran.	30	Steinsdorf, Kr. Hainau.	
— Senitz, Adam Sigm. v., auf Rannckau.	31	Rankau, Kr. Nimptsch.	
1719. Haenisch, Euph. Sidonia, geb. Sauer, Pastorin.	27	Panthenau, Kr. Hainau.	
— Plencken, Joh. Adrian, Frhr. v., Geh. Rath.	26	Breslau, Kapuziner-Gruft. . . .	Seit 1611 auf dem kath. Kirch-
— Tschammer, Georg v., auf Ndr. Tschirn, Gr. Osten.	28	Herrnlanersitz, Kr. Guhrau.	hofe in Hordain.
— Ungar, Chr. Gottl., pastor prim.	33	dito. dito.	
1720. Gersdorf, H. Chr. v., auf Dittersdorf u. Förstchen.	24	Mertschütz, Kr. Jauer.	
° — Seidlitz, Sigm. Frdr. v.	17	Liegnitz.	
1721. Ahar, G. Alex., Pfarrer, Canon. in Fünfkirchen.	36	Guhrau.	
° — Caffat, A. Jac. Ferd., Canon.	39	Hirschberg.	
— Groninger, H. Franz, Maurermeister.	17	Frankenstein.	
— Hertel, M. Bonifax Christian, und	39	Goldberg.	
— · Joh. Christian.	39	dito.	
— Lubnietzka, Fräulein R. S. Elis. Friedr. v.	17	Freiburg.	
— Luck, A. Eleon. v., geb. v. Czettritz.	37	Militsch, Kr. Steinau.	
— Richthoffen, Sam. Praetorius v., auf Berteldorf u. Nd. Hertwigswalde.	18	Nied. Hertwigswalde.	
— Sobeck, Andr. Ferdinand.	34	Glogau, Stadtpfarr K.	
1722. Zedlitz, G. Leop. v., a. Graebeln. Frauenhayn, u. Frau	25	Graebel, Kr. Bolkenhain.	
— · Jul. Elis. v., geb. v. Nostitz.	25	dito. dito.	
1723. Francke, E. Wilh., Fourier.	27	Waldau, Kr. Liegnitz.	
— Pauli, C. Gottfr., Pastor.	28	Herrnstadt.	
— Spiller, Ferd. Wilh. v., auf Ketschdorf.	30	Pilgramshain, Kr. Hainau.	
— Stosch, Bar. Soph. Elise, Fräulein.	36	Rothkirch, Kr. Liegnitz.	
1724. Francke, Melch., Pastor.	37	Waldau, dito.	
— Günter, Benj. Gottl., Jüngling.	37	Petschkendorf, Kr. Löhen.	
— Johr, Joh. Gottfr., Königl. Amtsschreiber.	29	Herrnstadt.	
— Reibnitz, Ch. Heinr. v., slchn. Gen.-Major, auf Lauterbach.	26	Lauterbach, Kr. Bolkenhain.	
— Schaeffer, Melch., Bürgermeister.	33	Lauban.	
° — Schweinitz, Runig. Elis. v., geb. v. Niesemeuschel.	17	Winzig.	
1725. Briesen, Ernst's v., Sohn.	25	Herrnsdorf, Kr. Glogau.	
— · A. Hel. v., geb. v. Kobligen.	25	Jacobskirch, dito.	
— Gelssler, Fräulein Sophie Elis. v.	30	Steinsdorf, Kr. Hainau.	
— Janus, Opatus Josias, Pastor.	30	Ossig, Kr. Löhen.	
— Lüttichau, Joh. Georg v., auf Gr. u. Kl. Reichen.	28	Gr. Reichen, Kr. Löhen.	
— Milich, Joh. Christ. Elise v., Kind.	30	Steinsdorf, Kr. Hainau.	
— Niebelschütz, Eva Marg. v., geb. v. Hock.	37	Rostersdorf, Kr. Steinau.	
— Sinapius, Johannes.	18	Liegnitz.	Prov.-Bl. Bd. 107 p. 98 (1838).
1726. Falkenhain, N. Fr. v., auf Brockendorf u. Liebichau.	28	Brockendorf, Kr. Hainau.	
— Isaacin, Anna Ros., Braut.	28	Herrnstadt.	
— Mockenshausen, B. Eleon. v., geb. Bar. Zedlitz.	27	Straupitz, Kr. Hainau.	
— · B. E. v., dito.	28	dito. dito.	
— Moeller, J. Chr., Magister.	18	Hirschberg.	

	Band.	Fund-Ort.	Quellen.
1726. Scheider, M., Joh. Georg, emer. Pastor.	24	Lauban, Frauen K.	
— Schellenberg, Frans Dominic. v., Ob.-Steuer-Einn.	16	Frankenstein.	
— Strattmann, Gerh. Wilh., Graf von.	19	Breslau, Elisabethkloster K.	Act. Alterth. d. Vicar.-Amtes.
1727. Becker, Gottfr., Apotheker.	27	Rauditen, Kr. Steinau.	
— Berge-Herrendorf, Joach. v., Landes-Eltester.	27	Rosterzdorf, dito.	
— , Derselbe, auf Rosterzdorf.	27	dito. dito.	
— Hartwig, Gottlob, des Raths.	22	Lauban.	
— Hoverden de Plenckrn, Joh. Jos.	26	Adalbert K.	
1728. Goetzen, Joh. Jos., Graf von.	24	Löwenberg, am Hedwigs-Stift.	
— Lieffmann, M. Gottlieb, Pastor.	30	Zedlitz, Kr. Steinau.	
— Nostitz, Hel. Juliane v., geb. v. Cunitz.	30	dito. dito.	
— Riehthofen, J. E. v., geb. v. Reichwald u. Kaempfen.	26	Heinersdorf, Kr. Liegnitz.	
*1729. Liehtenstein, M. A. Cath., Fürstin v., geb. Gräfin v. Oettingen.	24	Glogau, Jesuiten K.	
— Lincke, Joh. Gottfr., Pastor.	26	Herrnstadt.	
— Senitz, L. Marg. v., geb. Posadowski, Har. von Postelwitz.	21	Rankau, Kr. Nimptsch.	
— Tschörtner, Joh. Paul, Bürgermeister.	22	Lauban.	
1730. Mosemann, Joh. Chr. Mag., Ekklesiast.	16	Hirschberg.	
— Naefe, Joh. Frdr. v., v. Witschen.	30	Loewen, Kr. Brieg.	
— Neander, Jovias Gottfr., Pastor.	28	Herrnlauersitz, Kr. Guhrau.	
— Raupach, Joh. Christof, Pastor.	27	Strumpitz, Kr. Hainau.	
1731. Hoffmann, Balth. F. Hatzfeldisch. Ob.-Inspektor, u.	28	dito. dito.	
— , Ros., geb. Cyrus, gest. 1734.	28	dito. dito.	
— Langgut, Barb. Hel. v., geb. v. Rederin.	28	Liegnitz.	
— Loebin, Joh. Georg, Ob.-Cons.-Rath, past. prim.	26	Glogau.	
—, Zedlitz-Wirkan, H. Elco. v., geb. Handretzky.	24	Gröbel, Kr. Bolkenhain.	Gruft.
1732. Close, H. Heinrich v., auf Kleppelsdorf etc.	29	Lehmhaus.	
— Köhlichen, H. Christ. v.; Stifter des Majorats.	28	Neudnitz, Kr. Hainau.	
— Rothenburg, Hedw. Hel. v., geb. v. Wiese.	27	Rosterzdorf, Kr. Steinau.	
— , Sab. Cath., Fräulein von.	27	dito. dito.	
— Stiller, Heinr., Lehrer u. Organist.	27	Rauditen, Kr. Steinau.	
— Tschammer-Osten, Th. Charl. v., Kind.	20	Dromsdorf, Kr. Striegau.	
1733. Peiper, M. Samuel, Pastor.	27	Heinersdorf, Kr. Liegnitz.	
* — Schweinitz, Joh. Fried. v., geb. v. Reibnitz.	17	Schweinhaus.	
1734. Hautois und Grünne, Jac. Charl., Gräfin von, geb. Gräfin Frankenberg.	19	Breslau, Elisabethkloster K.	Act. Alterth. d. Vicar.-Amtes.
— Rosenberg, Gottl., Pastor.	27	Rauditen, Kr. Steinau.	
1735. Braun, Chr. Fr., Frhr. v., auf Ndr. Harpersdorf.	29	Harpersdorf, Kr. Hainau.	
— , A. Mar., geb. Bar. Schaffgotsch, gest. 1732.	29	dito. dito.	
1735/7. Hohberg, H. Alex., u. H. Sigm. v., Brüder.	26	Rothkirch, Kr. Liegnitz.	
1735. Latofski, Wolf Heinr. v., a. Wirchland u. Rosterzdorf.	27	Rosterzdorf, Kr. Steinau.	
— , Anna Barb. v., geb. v. Tschammer-Osten.	27	dito. dito.	
— Schweinitz, Fridrien v., geb. v. Reibnitz.	24	Schweinhaus, Kirchhofmauer.	
— Taubadel, Jul. Elis. v., geb. v. Nimptsch.	25	Koishau, Kr. Liegnitz.	
— Tschammer-Osten, Hiob Gotth. v., auf Dromsdorf.	20	Dromsdorf, Kr. Striegau.	
— Walther, Sus., geb. Gebauer, Pastorin.	27	Rauditen, Kr. Steinau.	
1736. Franzke, Pfarrer.	18	Rothan, Kr. Striegau.	Act. Alterth. d. Vicar.-Amtes.
— Sterneck, Sus. Magd. v., geb. Bergeldtin.	18	Stroppen.	
1737. Marbach, Chr., Mag., Pastor, Senior.	22	Mertschütz, Kr. Jauer.	
— , Derselbe.	26	dito. dito.	
— Schroka, C. F., Senior.	16	Ohlau.	
* — Stojentin, A. Ros. v., verw. Döbschütz, geb. v. Rabenau.	17	Liegnitz.	
1738. Beer, Christ., Pastor.	27	Rosterzdorf, Kr. Steinau.	
— , Christ., Pfarr-Herr.	27	dito. dito.	
IV.			7

	Band.	Fund-Ort.	Quellen.
1738. Bolko I. und II., Herzöge (Fürsten-Kapelle).	18	Grüssau.	Act. Alterth. d. Vicar.-Amtes.
— Franzke, Joh. Ign., haec. threol., Canon.	17	Bockau, Kr. Striegau.	
— Opitz, Joh., M., Pastor.	29	Goldberg.	
— Raschke, Christof, Pastor.	27	Strodnitz, Kr. Hainau.	
1739. Blasse, Joh. Ehrenfr., u. Frau, geb. Herzogin.	19	Reichenbach.	Act. Alterth. d. Vicar.-Amtes.
— Debschütz, Urs. Hel. v., geb. v. Tschammer-Osten.	20	Dromsdorf, Kr. Striegau.	
— Doehring, Casp., Gerichts-Scholz.	30	Löhn.	
— Eckhardt, M. Salome Franc., geb. Prockschen.	26	Greiffenberg.	
• — Ehrenberg, Adolf Frdr. v., auf Grunenthal.	17	Liegnitz.	
— Hoffmann, Gottfried, Chirurgus.	30	Harpersdorf, Kr. Hainau.	
— Mohr, Jos., Pfarrer, Canon. in Oppeln.	29	Schurgast.	
—¬ Nostitz, Caspar Otto v., auf Zedlitz.	29	Zedlitz bei Steinau.	
— Poser, Cath. Leop. v., geb. v. Haugwitz-Pischkowitz.	30	Kl. Kniegnitz, Kr. Nimptsch.	
— Rinkin, Joh. Charl., Postmeisterin.	19	Reichenbach.	Act. Alterth. d. Vicar.-Amtes.
— Wiehl, Gottfr. Zacharias, Pastor.	27	Schönborn, Kr. Liegnitz.	
1740. Briesen, Il. Sigm. v., auf Kroischwitz, und Frau	30	Ubersdorf, Kr. Hainau.	
— • geb. v. Packisch.	30	dito. dito.	
— Büttner, M. Gottfr., Rektor.	26	Lauban.	
— ? Hoberg, Fräulein S. E. Carol. v., Kind.	26	Rothkirch, Kr. Liegnitz.	
— Hohenhausen, Jos. Joachim, Frhr. von?	18	Ottmachau.	Act. Alterth. d. Vicar.-Amtes.
— Sandretzky-Sandraschütz, C. H. S., Frhr. v., auf Schwentnig etc.	30	Kl. Kniegnitz, Kr. Nimptsch.	
— Tschammer-Osten, Casp. Rud. v., Kind.	20	Dromsdorf, Kr. Striegau.	
— • G. E. v., Knabe.	20	dito. dito.	
1741. Crausse, J. Rud., Frhr. v., Kammer-Direktor.	19	Bernstadt.	
— Hartenstein, Ad. Chr. v.	30	Herzogswaldau, Kr. Löben.	
— Knast, Ros. Mar., geb. Weber.	30	Kl. Kniegnitz, Kr. Nimptsch.	
— Krzinowskia, Barb., geb. Springsteinin.	19	Zottwitz, Kr. Ohlau.	
— Loewenberg, Adolf u. Traugott, Kinder.	22	Lauban.	
• — Manbeuge, Joseph v.	25	Deutsch Wette.	
— Schreiber, Sam. Frdr., Seelsorger.	29	Alt Kemnitz, Kr. Hirschberg.	
— Schweinitz, D. Friedr. Chr. v., Kind.	25	Lauterbach, Kr. Bolkenhain.	
— Seiht, Sab. Dor., geb. Bar. v. Zedlitz.	22	Greiffenberg.	
1742. Goslawski, Michael, Praepositus. (1679?)	18	Myslowitz, Kr. Beuthen.	Act. Alterth. d. Vicar.-Amtes.
— Haenisch, M. Joh. Heinr., Pastor.	29	Panthenau, Kr. Hainau.	
— Hoslowna, z. Gorowkie, Salomeoowna Cath. v. (1614?).	18	Myslowitz, Kr. Beuthen.	Act. Alterth. d. Vicar.-Amtes.
— Kottwitz, Joh. Eleon. v., geb. v. Logau.	27	Straupitz, Kr. Hainau.	
— Wicze, G. Frdr. v., Hauptm., auf Neudorf.	30	Neudorf, Kr. Hainau.	
1743. Hilliger, Melch., Bürgermeister.	18	Ohlau.	
— Hochberg-Fürstenstein, J. Heinr., Graf von.	26	Rohnstock, Kr. Bolkenhain.	
— Sack, Il. Osw., Frhr. v., u. Löbeheu etc., Kammerherr.	28	Herrnlauersitz, Kr. Guhrau.	
— Senftleben, Alexius, Pfarrer.	18	Maersdorf am Dober.	Act. Alterth. d. Vicar.-Amtes.
— Sommerfeld, E. J. Kus. v., geb. v. Kohlhaass, und Kinder.	18	Würben, Kr. Schweidnitz.	
1744. Hertwig, George Frdr., Pastor.	26	Rothkirch, Kr. Liegnitz.	
— Mieroszewski, Probst.	18	Myslowitz, Kr. Beuthen.	Act. Alterth. d. Vicar.-Amtes.
— Renner, Melch., Pastor.	27	Heinersdorf, Kr. Liegnitz.	
— Ulberin, Joh. Christ., geb. Althausin.	26	Bolkenhain.	
— Ziegler, Th. Heinr. v., Rittmeister. Geblieben.	30	Oppeln.	
— • Theod. Heinr. v. Geblieben.	27	Oppeln, an einem Hause.	
1745. Adolph, Christopher, Pastor. Vom Blitz getroffen.	18	Hirschberg.	
— Bretschneider, Chr. Gottl., Pastor.	27	Panthenau, Kr. Hainau.	
— Hoffmann, Gottlob, des Raths, Kfm.	26	Greiffenberg.	
— Ketzler, Jeremias, Magister.	18	Hirschberg.	
— Lestwitz, Jul. Hel. v., geb. v. Wiese.	30	Woitsdorf, Kr. Hainau.	

	Band.	Fund-Ort.	Quellen.
1745. Lindner, Joh. Chr., Kfm., Ober-Aeltester.	24	Löwenberg.	
— Machnitzki, Sigm., Pastors todtgebornes Kind.	27	Waldau, Kr. Liegnitz.	
— Schwanenberg, J. Ros., Bar. v., geb. v. Fritsch, verw. gewes. Bar. Harbuval v. Chamaré.	18	Waldenburg.	
— Schwieder, J. Christiane, u. C. Jacob, Geschwister.	18	Ohlau.	
1746. Hundt, u. Altgrottkau, H. R. v., a. Stache u. Wirrwitz.	18	Wirrwitz.	Act. Alterth. d. Vicar.-Amten.
— Rosenberg, Chr. Elis., geb. Schindelin, Pastorin.	26	Mertschütz, Kr. Jauer.
— Rüff, Joh., Kürschner-Ober-Aeltester, u. Frau	25	Glogau.
— · Anna Ros., geb. Horkin, gest. 1766.	25	dito.
— Pein, Fräulein Joh. Eleon. v. Ermordet.	27	Strupitz, Kr. Hainau.
— Wolff, David, Kantor.	29	Goldberg.
1747. Bruschke, A. Ros., geb. Jordan.	27	Raudten, Kr. Steinau.
— Dittel, Casp. Ign. v., Reg.-Rath u. Frau	18	Frankenstein.
— · geb. v. Noschau.	18	dito.
— Festenberg-Packisch, Fräulein R. H. Eleon. v.	30	Woitsdorf, Kr. Hainau.
— Hochhausen, Silv. Chr., Frhr. v., Amtshauptmann.	18	Ottmachau.
— · sein Sohn u. seine Frau, gest. 1778.	18	dito.
— · Clara Gottl. v., gb. Krankchetsedt, 1774.	18	dito.
— · Dieselben.	18	dito.	Act. Alterth. d. Vicar.-Amten.
— Stiller, Chr. Gottl, Kantor.	27	Raudten, Kr. Steinau.
1748. Almesloe, Graf von.	19	Bertholdsdorf, Kr. Löwenberg.	Act. Alterth. d. Vicar.-Amten.
— · Graf E. Frdr., u. Frau	22	dito. Kr. Lauban.
— · Eleon., geb. Gfin. de Coen, gest. 1751.	22	dito. dito.
— Horning, Christian, Pastor.	27	Pilgramsdorf, Kr. Löben.
— Kaemmler, Joh. Dor., geb. Bergeria.	24	Langhelwigsdorf, Kr. Bolkenhain.
— Zedlitz, Joh. Jul. Eleon., Gräfin, Kind.	30	Kl. Kniegnitz, Kr. Nimptsch.
*1749. Gnertner, Anna Sus., gb. Leuscher, u. Schimmelwitz.	17	Liegnitz.
174950. Tiller, F. Eman., u. H. Eman., Kinder, Brüder.	25	Bolkenhain.
1750. Knoerich, B. Aut., Pfarrer.	26	Greiffenberg.
— Kühn, Gottfr., Diakonus.	30	Harpersdorf, Kr. Hainau.
— Loewenberg, Lisette Hel. v., geb. v. Theler.	22	Lauban.
— Tschammer-Osten, S. Fr. Frhr. v., Kind.	30	Dromsdorf, Kr. Striegau.
— Zedlitz, E. Sigm., Graf v., Kind.	30	Kl. Kniegnitz, Kr. Nimptsch.
1751. Hocke, C. Wenzel, Frhr. v., auf Ob. Schützlau.	24	Herrnsauersitz, Kr. Guhrau.
— Stosch, Marie Els., geb. von Lättwitz.	25	Jacobskirch, Kr. Glogau.
1752. Bergiu, Barb. Mar., geb. v. Nostitz.	27	Rostersdorf, Kr. Steinau.
— Hasper, Joh. Jos., Chirurg.	18	Glogau.
— Haugwitz, Hel. v., geb. v. Tschammer.	18	Jauer.
— Hochberg, L. Fr., Gfin. v., geb. Gfin. zu Stolberg.	24	Rohnstock, Kr. Bolkenhain.	Gruft.
— Hoffmann, Sam., auf Ndr. Alzen u. Tschetschkenau.	25	Greiffenberg.
— Kahl, Christ., Mag., Pastor.	18	Hirschberg.
— · Derselbe.	28	Harpersdorf, Kr. Hainau.
— Reibnitz, A. Eleon. v., geb. Bar. v. Ehen u. Brunnen.	26	Langhelwigsdorf, Kr. Bolkenhain.
1753. Axleben, Agn. Hel. v., geb. v. Braunia.	26	Lobendau, Kr. Hainau.
— Dorn, Ludw., Regiments-Chyrurgus.	16	Neisse.
— Exner, Christof, M. Pastor.	22	Koischau, Kr. Liegnitz.
— Pförtner, Hel. v.	19	Petersdorf, Kr. Sagan.	Act. Alterth. d. Vic.-Amten.
— Schweinitz, Dav. Chr. v., auf Lauterbach etc.	24	Langzehelwigsdorf, Kr. Bolkenh.
1754. Krug, Anna Reg., geb. Sicheria, und Gatte:	18	Hirschfeldau, Kr. Sagan.	Act. Alterth. d. Vicar.-Amten.
— · Heinr., gest. 1773.	18	dito. dito.	dito.
— Sattig, Christian, früher auf Mülchau.	26	Rostersdorf, Kr. Steinau.
1755. Bruschke, A. Cath., geb. Stiller.	27	Raudten, dito.
— Fehrentheil, Fräulein Anna Barb. v.	18	Stroppen.
— Finger, Joh. Casp., Kaiserl. Kommerzien-Rath.	28	Herrnstadt.
— Riva, Domin., Kfm.-Aeltester, u. Frau, gest. 1756.	25	Glogau.
1756. Fimmler, Sam., Pastor.	27	Gr. Reichen, Kr. Löben.

	Band.	Fund-Ort.	Quelle.
1756. Johnston u. Krögeborn, Seb. Rud. v., auf Ossig.	30	Ossig, Kr. Löben.	
— Knobelsdorf, Georg Frdr., auf Hirschfeldau.	19	Hirschfeldau, Kr. Sagan.	Act. Alterth. d. Vicar.-Amtes.
— Monemann, Pastor.	30	Zedlitz, Kr. Steinau.	
— Rothkirch, A. Noph. v., geb. v. Zedlitz.	26	Lobendau, Kr. Hainau.	
1757. Rottwitz, Mar. Hel. v., geb. v. Sommerfeld.	26	Straupitz dito.	
* — Reibnitz, Chr. Frdr. Frhr. v., und dritte Frau	29	Lomnitz.	
— * Charl. Soph., geb. v. Rothenburg, gest. 1736.	29	dito.	
— Seyffert, Carl Wolfg., Consul.	22	Lauban.	
— Zedlitz, Fr., Frhr. v., u. Wilkau, auf Frauenhayn etc.	25	Gräbel, Kr. Bolkenhain.	
1758. Feuereisen, Joh. Casp., Käm.	26	Glogau.	
— Hochberg, II.H., Grafr., a. Rohnstock, Fürstenstein.	24	Rohnstock, Kr. Bolkenhain.	Gruft.
— Jaeckel, Joh. Christ., Diakonus.	16	Ohlau.	
— Jüttner, Gottfr., Rektor u. Mittagsprediger.	18	Reichenbach.	
— Kotte, Dr., Melch. Frdr.	23	Herrnstadt.	
— Kretschmer, J. G., Pastor.	23	Guhrau.	
— * Joh. Georg, Pastor.	23	Herrnlauersitz, Kr. Guhrau.	
* — Reibnitz, J. Max. Leop. v., auf Erdmannsdorf.	29	Lomnitz.	
— Riemer, Georg, Diakonus.	27	Raudten, Kr. Steinau.	
— Tschammer-Osten, Magd. Elise, Fräulein v.	30	Dromsdorf, Kr. Striegau.	
— * A. Theodore, Fräul. v.	30	dito. dito.	
— * M. Marjana, Fräul. v.	30	dito. dito.	
1759. Machnitzky, Carl Sigm., Pastor.	27	Waldau, Kr. Liegnitz.	
— Neander, Joh. Sam., Pastor.	28	Harpersdorf, Kr. Hainau.	
1760. Hartmann, A. M., geb. Knittelin (auch historisch.).	19	Wartha.	Act. Alterth. d. Vicar.-Amtes.
— Knobelsdorf, Frdr. Gottl. von.	19	Hirschfeldau, Kr. Sagan.	dito.
— * Christ. Balth. v., gest. 1795.	19	dito. dito.	dito.
— Tschammer-Osten, Rem. Chr. Marj., Fräul. v.	30	Dromsdorf, Kr. Striegau.	
1761. Johnston, B. Joh. v., geb. v. Wiese.	30	Ossig, Kr. Löben.	
— Petzold, George, Pastor.	28	Herrnlauersitz, Kr. Guhrau.	
— Teichmann, Gottfr., auf Brockend etc.	27	Brochendorf, Kr. Hainau.	
*1762. Niebelschütz, A. Barb., geb. v. Wiedebach.	26	Jacobskirch.	
— Reibnitz, Ch. Magd. Wilh., Fräulein v.	26	Langhelwigsdorf, Kr. Bolkenhain.	
— Tschammer-Osten, G. Ernst v., auf Dahee.	30	Dromsdorf, Kr. Striegau.	
— Unruh, Hanss Sigm. v., auf Wendstadt.	28	Herrnlauersitz, Kr. Guhrau.	
*1763. Frankenberg, Can. Moritz, liber baro de.	27	Dom.	
— Krancher, Chr. Frdr., Prediger.	18	Reichenbach.	
— Niebelschütz, A. Barb. v., geb. v. Wiedebach.	25	Jacobskirch, Kr. Glogau.	
— Wirth, Zach., Bürgermeister.	25	Bolkenhain.	
1764. Fedder, Achat. Chr., Geistlicher.	22	Löwenberg.	
— * Pastor.	24	dito.	
— Hoffmann, G. Chr., auf Tschetschkendorf.	28	Straupitz, Kr. Hainau.	
— * C. Frdr., Pastor.	28	Herrnlauersitz, Kr. Guhrau.	
— Rosenberg, Abr. Gottlob, Pastor.	22	Mertschütz, Kr. Jauer.	
— Weissig, Ferd., M., Pastor.	18	Hirschberg.	
1765. Czettritz-Neuhaus, Em. Henr. v.	18	Jauer.	
— * Joh. Marg., gest. 1768.	18	dito.	
— Czettritz, Sus. Fried. v., gest. 1773. Drei Schwest.	18	dito.	
— Hoffmann, Joh. Dor., geb. v. Dehnisch.	28	Straupitz, Kr. Hainau.	
— Niebelschütz, Balth. v., auf Kleinitz etc.	25	Jacobskirch, Kr. Glogau.	
— Redern, H. Sigm. v., u. Frau	30	Steinsdorf, Kr. Hainau.	
— * Hel. Euphros., geb. v. Nostitz.	30	dito. dito.	
— Reibnitz, G. Wilh., auf Langenhelwigsdorf.	25	Leipe, Kr. Jauer.	
— Tiepolt, Franz, Frhr. v., Prälat, Dekan.	26	Glogau.	
1766. Diebitsch, Eleon. Marg., Bar. v., geb. v. Johnston.	30	Ossig, Kr. Löben.	
1767. Trach, J. W., Frhr. v., edler Herr v. Bürckau, Kammerherr.	28	Steindultz, Kr. Hainau.	

	Band.	Fund-Ort.	Quellen.
1767. Tschammer-Osten, M. Elis. v., geb. v. Debschütz.	20	Dromsdorf, Kr. Striegau.	
— Wagner, J. E. v., Braut des Rittmeister v. Kersstar.	29	Guhrau.	
1768. Blothner, Joh. Chr., Schöppen-Ger.-Assessor.	27	Randsen, Kr. Steinau.	
— Bock, u. Polsche, Charl. Elis., Fräul. v.	27	Rostersdorf dito.	
— Briessen, H. Carl v., Major, auf Andersdorf.	25	Jacobskirch, Kr. Glogau.	
* — Diebitsch, R. Cath. v., geb. v. Prittwitz, u. Krumbach etc.	17	Stroppen.	
— Thiel, Gottl., Ger.-Scholz.	26	Keulendorf, Kr. Neumarkt.	
1769. Gebhardt, Gottfr., Pastor.	30	Pilgramsdorf, Kr. Hainau.	
1770. Falkenhayn, Hel. Soph. v., geb. v. Littwitz.	26	Kniskau, Kr. Liegnitz.	
— Reibnitz, Ch. Const. v., geb. v. Studnitz.	28	Leipe, Kr. Jauer.	
1771. Kittlitz, Sylv. Adolf, Frhr. v., Landrath.	19	Kreutzburg.	
— Stahna, Sam. Gottl., auf Mlitsch.	27	Mlitsch, Kr. Steinau.	
1772. Hellwing, Carolus, Prälat.	26	Glogau.	
— Hoffmann, Christ., Pastor, Mag.	27	Raudten, Kr. Steinau.	
* — Reibnitz, Heinr. Gotthard v., Kind.	16	Baumgarten.	
— Schuler, Daniel, Pastor.	26	Glogau.	
— Scholtze, Franz Leop., Canon., Erzpriester.	25	dito.	
— Vogel, Georg.	24	dito. Dom-Sacristei.	
1773. Haugwitz, H. Wolfram v., auf Petschkendorf, und	28	Stendnitz, Kr. Hainau.	
— , J. Tugendr. v., gb. v. Haugwitz, gest. 1778.	28	dito. dito.	
— Seydlitz, Frdr. Wilh. v., General d. Cavallerie.	16	Ohlau.	
1774. Finger, Seb. Gottfr., Kämmerer.	28	Herrnstadt.	
— Prensel, G. Ferd., Kind.	18	Waldenburg.	
— Schweinitz, Dav. Christ. v., auf Lauterbach.	18	Jauer.	
— Wiggert, Andreas, Kämmerer.	24	Greiffenberg.	
1775. Mohl, Ses. Chr. Eleon., Bar. v., geb. v. Pannewitz.	20	Gaslersdorf, Kr. Striegau.	
— , Dieselbe.	20	dito. dito.	
— Treutler, J. C., geb. Peltz, a. Pohlsdorf u. Neudeck.	28	Panthenau, Kr. Hainau.	
1776. Bock, Jul. Eleon. v., geb. v. Rothenburg.	23	Rostersdorf, Kr. Steinau.	
* — Reibnitz, Wilh. Osw. Rud. v., Knabe.	16	Baumgarten.	
— Schiller, Christ. Albert, Pastor.	20	Oasig, Kr. Löben.	
1777. Burchardi, P. Heinr., Diakonus.	17	Hirschberg.	
— Haugwitz, G. Ludw. v., Landrath, und Frau	28	Gr. Osten, Kr. Guhrau.	
— , Joh. Fridr. v., geb. v. Stosch, gest. 1778.	23	dito. dito.	
1778. Carmer, Wilh. Fridr. v., geb. Bar. v. Roth.	28	Rützen dito.	
— Flaumbaum, Joh. Maurit., Pastor.	30	Gugelwitz, Kr. Löben.	
— Hensel, Joh. Adam, Pastor.	30	Neudorf, Kr. Hainau.	
— Hock, H. Chr., Frhr. v., auf Conradswalden.	28	Guhrau.	
— , u. Thomaswaldau, H. C., Frhr. v., auf Conradswaldau.	28	Conradswalden, Kr. Guhrau.	
— Niebelschütz, Hans Wolff v., auf Ob.-Ellguth etc.	28	Gr. Tschirnau dito.	
— Pauli, Caspar, Senior.	28	Herrnstadt.	
— Moy, Fridr. Ernest. v., Mädchen.	27	Gr. Rinnersdorf, Kr. Löben.	
— Steulmann, Sam. Gottfr., Pastor.	30	Weissholz, Kr. Glogau.	
1779. Boretzko, Frhr. v. (u. historisches).	19	Arnoldsdorf, Kr. Neisse.	Ass. Alterth. d. Vicar.-Amtes.
— Luck, Hel. Soph. v., geb. v. Rothenburg.	23	Rostersdorf, Kr. Steinau.	
— Sutorius, C. Gottlob, Pastor.	24	Glogau.	
1780. Koeckritz, Fr. Rusig. v., geb. v. Scherr-Thoss.	28	Gr. Osten, Kr. Guhrau.	
— Liebich, Ehrenfr., Pastor.	27	Gr. Rinnersdorf, Kr. Löben.	
* — Reibnitz, A. G. Em. u. G. W. Octav., Kinder.	16	Baumgarten.	
— Scherr-Thoss, Eleonore v.	30	Konradsdorf, Kr. Hainau.	
— Studnitz, Joh. Magd., Fräul. v.	28	Gr. Tschirnau, Kr. Guhrau.	
1781. Braun, Fräul. Joh. Elis., geb. Bar. v.	29	Harpersdorf, Kr. Hainau.	
— Geppert, Joh. Matth., Gerichts-Schöppe.	24	Glogau.	
— Hocke, u. Thomaswaldau, Chr. Wentzel, Frhr. v.	28	Guhrau.	

	Band.	Fund-Ort.	Quittung.
1781. Herrmann, Ephr. Gottl., Pastor, u. Frau.	19	Bernstadt.	
— Kluge, Chr. Gottfr., Raths- u. Kfm.-Aeltester.	22	Greiffenberg.	
— Rutsch, Chr. Gottl., Pastor.	28	Herrmanneritz, Kr. Guhrau.	
1782. Arlt, J. Benj., Protonsul.	18	Reichenbach.	
— Bauch, Ant., Canon.	26	Glogau.	
— Tschammer, M. Magd. v., geb. v. Tschammer.	20	Dromsdorf, Kr. Striegau.	
1783. Kottulinski, J. S. Wilhelmina v., Kind.	16	Ohlau.	
— H. J. Kunig. v., geb. v. Gaffron.	17	dito.	
— Stosch, G. H. Ladw., Frhr. v.	28	Gr. Tschirnau, Kr. Guhrau.	
— Wechmar, A. S. Elis., Bar. v., geb. v. Witzleben.	30	Zedlitz, Kr. Steinau.	
— Weissig, C. Wilh., M., Prediger.	19	Hirschberg.	
1784. Lindner, H. Ferd. v., Hptm. im Infant.-Regiment v. Schwartz.	16	Neisse.	
— Otto, Flor. Joh., geb. Wincke.	19	Reichenbach, Pfarr K.	Act. Alterth. d. Vicar.-Amtes.
— Joh. Mich. Bened., Kfm., gest. 1795.	19	dito. dito.	dito.
— Stentzsch, C. Max v., Major.	28	Rostersdorf, Kr. Steinau.	
— Zedlitz-Neukirch, W. Rud. v., Major, auf Blumen u. Neudeck.	26	Lobendau, Kr. Unisau.	
1785. Fimler, Heinr. Sigm., Evangelischer Prediger.	27	Gr. Reichen, Kr. Löbea.	
— Hoverd.-Plencken, Frhr. Phil. Jos. v.	26	Hönern, Kr. Ohlau.	
— Mathaei, J. G., Dr. med.	25	Glogau.	
— Neumann, v., Bruder u. Schwester.	17	Neisse.	
— Niebelschütz, B. Elis. v., geb. v. Saadnitz.	25	Jakobskirch, Kr. Glogau.	
— Oberg, Rud. Wolfg., Frhr. v., auf Malckwitz.	30	Malckwitz, Kr. Breslau.	
— Seyler, Joh. Gottfr., Apotheker.	18	Reichenbach.	
— Tschiraky-Bögendorf, G. H. v., Landr. auf Schönwitz, und	30	Löwen.	
— Jul. Charl. v., geb. v. Thielau.	30	dito.	
— Ulbers, Chr. Eman., Pastor prim.	26	Bolkenhain.	
1786. Foerster, J. Chr., erster angestellter Prediger.	22	Löwenberg.	
— Kahle, Gottl., Mag., past. prim.	19	Hirschberg.	
— Laehmann, C. Chr., Kfm., Ober-Aeltester.	25	Greiffenberg.	
— Schmiedt, Benj., Rathmann.	20	Striegau.	
— Stenzel, Julius.	19	Wartha.	Act. Alterth. d. Vicar.-Amtes.
— Zedlitz, N. Fr., Grafv., u. Wilkau, a. Francenhayn, u.	26	Gräbel, Kr. Bolkenhain.	
— G. Ferd., Frhr. v., auf Zobten, Brüder.	26	dito. dito.	
— U. S. Hel., Bar. v., geb. v. Zedlitz-Leipe.	26	dito. dito.	
— H. G. Sigm., Frhr. v., auf Gräbel, Zobten etc., gest. 1791.	26	dito. dito.	
1787. Bock, Fräulein Hel. Sophie v.	30	Steinsdorf, Kr. Hainau.	
— Glaeser, Anna Ros., geb. Scholnia.	30	Weiwohes, Kr. Glogau.	
— Rupricht, Fr. Wilh., General-Pächter, u. Frau	26	Koiskau, Kr. Liegnitz.	
— Ros., geb. Matschkau, gest. 1791.	26	dito. dito.	
— Seydlitz, C. Ludwig v., Hptm.	19	Kreuzberg.	
— Steinhaeuser, Nathan Benjamin.	22	Löwenberg.	
— Derselbe, Lehrer.	22	dito.	
— Wechmar, L. Ant., Frhr. v., Obrist, auf Zedlitz.	26	Zedlitz, Kr. Steinau.	
1788. Handelt, Joh. Eleon., geb. Uhria.	26	Girlachsdorf, Kr. Bolkenhain.	
— Hoffmann, Joh. Carl.	18	Leobschütz.	
— Kirstein, Joh., Prälat.	26	Glogau.	
— Seidel, Joh. Gottl., Pastor.	24	dito.	
— Sydow, J. H. L. J. v., geb. v. Roositz.	29	Löwen, Kr. Brieg.	
1789. Hoberg, J. G., Frhr. v., auf Prausnitz, Sächs. Kammerherr.	24	Löwenberg.	
— Hoverden-Plencken, A. M. Chr. v., geb. v. Hoverden-Plencken.	26	Hönern, Kr. Ohlau.	

	Band.	Fund-Ort.	Quellen.
1789. Kosche, M. Gottfr. Traugott, Konrektor.	27	Lauban.	
— Neumann, Ros. Elis., geb. Sprzigode, Pastorin.	19	Urschkau, Kr. Steinau.	
— Prittwitz-Gaffron, H. Moritz v., Justizrath.	21	?	
1790. Freund, B. Henr. v., geb. v. Reder.	17	Neisse.	
— Hein, Joa. v., Bürgermeister.	21	Sachwitz, Kr. Neumarkt.	
— Hirschfeld, Joh. Dor., geb. Glaeserin.	30	Weissholz, Kr. Glogau.	
— Leipziger, H. Ernst v., General-Major.	25	Glogau.	
— Müller, Chr. Heint., Gerichts-Schreiber, und	30	Bertheladorf, Kr. Hirschberg.	
— , Joh. Eleon., geb. Drescher, gest. 1816.	30	dito. dito.	
— Pachler, Joh. Frdr., Apotheker.	17	Ohlau.	
— Redern, Sigm. Val. v., Landrath, Landsch.-Direktor.	29	Pilgramsdorf, Kr. Hainau.	
— , , , Landr. Letzterwein. Stammen.	30	dito. dito.	
— Rumpelt, Christ., Chirurgus.	30	Adelsdorf, Kr. Hainau.	
— Schweinitz, Fr. Wilh. v., geb. v. Wagenhof.	20	Damsdorf, Kr. Striegau.	
— Teichmann, C. Sigm., auf Ndr. Brockendorf.	27	Brockendorf, Kr. Hainau.	
— Uechtritz, Barb. Eleon. v., geb. v. Unruh.	20	Dromsdorf, Kr. Striegau.	
1791. Dobschatz, Gustav Eugen v., Kind.	21	Raukau, Kr. Nimptsch.	
— Dominici, Elias Gottl., Pastor, Kreis-Inspektor.	17	Ohlau.	
— , Derselbe.	17	dito.	
— Folgersberg, Joh. Frdr. v., Major.	16	Grottkau.	
— Herrmann, Gottl., Pastor, u. Frau, gest. 1832.	20	Striegau.	
— Hochberg, H. R. v.	26	Rohnstock, Kr. Bolkenhain.	
— Koblitz, Ign., Erzpriester, Stadtpfarrer.	18	Frankenstein.	
— Oberg, R. C. Joh., Frhr. v., a. Malchwitz, Kalkau etc.	30	Malkwitz, Kr. Breslau.	
— Posadowsky, Ch. W. Sigm., Frhr. v., Gen.-Lieut.	27	Pilgramsdorf, Kr. Löben.	
— Stahn, Fräul. Chr. Soph., auf Militsch.	27	Militsch, Kr. Steinau.	
— Thurner, Andr., Amtsrath.	25	Glogau.	
— Wentzky, E. Frdr. v., auf Reichen etc.	19	Reichen, Kr. Namslau.	
1792. Beling, Nam. Gottl., Lehrer.	25	Glogau.	
— Fehrentheil, K. Friedr., auf Wickoline.	28	Herrnstadt.	
— Gessler, F. W. E. Andr., Graf, Kind.	19	Bernstadt.	
— Heyuyn, Maria Josepha.	18	Gr. Glogau, Dom.	Act. Alterth. d. Vicar.-Amtes.
— Kluge, W. Dor. Elis., Braut.	16	Neisse.	
— Leupoldt, Benj., M., Pastor.	26	Rothkirch, Kr. Liegnitz.	
— Murr, Dor. v., geb. Spangenberg, Salzfaktor.	30	Kosel.	
1792/4. Richthofen, Wilhelm u. Frdr., Kinder.	19	Hohen Friedeberg.	
1792. Saidl, Chr. Soph. v., geb. v. Knobelsdorf.	27	Schönborn, Kr. Liegnitz.	
— Warnery, L. Aug. v., Major, auf Giersdorf.	19	Giersdorf, Kr. Namslau.	
— Weidelhofer, J. Chr., Vorwerksbesitzer.	30	Konradsdorf, Kr. Hainau.	
— , M. Ros., geb. Berner, gest. 1791.	30	dito. dito.	
1793. Engellien, C. Wilh., Pastor.	25	Glogau.	
— Helwing, Ludw. Nic., Canon.	18	Gr. Glogau, Dom.	Act. Alterth. d. Vicariat-Amtes.
— , , dergl.	26	Glogau.	
— , , dergl.	26	dito.	
— Lachmann, C. G., Apotheker, und zwei Frauen.	26	Löwenberg.	
— Prittwitz, Joh. Eleon. v., geb. v. Walter.	19	Grambschütz, Kr. Namslau.	
— Rabiger, M., Joh. Georg, past. prim.	24	Lauban.	
— Schweinitz, C. E. Siegfr. v., auf Peterzdorf und Nd. Hermsdorf.	28	Straupitz, Kr. Hainau.	
— Stosch, E. A. Jul., Frhr. v., Knabe.	28	Gr. Tschirnau, Kr. Guhrau.	
1794. Faber, J. Eleon. v., geb. v. Kauffung. Letzte dieses Geschlechts.	29	Goldberg.	
— Gellner, Maria Benedicta, Oberin.	19	Seminar K.	
— Goudlatsch, A. E. Chr., geb. Hoffmann.	26	Langhelwigsdorf, Kr. Bolkenhain.	
— , Mich. Gottl., Pastor, gest. 1814.	26	dito. dito.	
— Klethe, Aug. Leop., Stadt-Direktor.	17	Ohlau.	

	Band.	Fund-Ort.	Quellen.
1794. Raupach, Joh. Chr., Pastor.	70	Straupitz, Kr. Hainau.	
— Riese, C. G., Organist, nebst Frau u. 8 Kindern.	16	Domanze, Kr. Schweidnitz.	
— Wimmer, Joh. Mich., Chorarbeiter d. ledigen Brüder.	70	Gnadenfeld, Kr. Cosel.	
1795. Gessler, A. W. Ferd., Graf v., Kind.	19	Bernstadt.	
— Nürnberger, C. Benj., Candidat.	30	Herrmannsdorf, Kr. Breslau.	
— Rosemann, J. Gottl., auf Knobelsdorf, u. Frau	27	Straupitz, Kr. Hainau.	
— " A. Reg., geb. Gebauer, gest. 1796.	27	dito. dito.	
— Schmidt, Joh. Friedr., Justiziarius.	30	Gräditzberg, Kr. Hainau.	
— Teichmann, Gottfr., auf Hohberg.	27	Straupitz dito.	
— Weinmann, Gottl. Benj., past. prim.	17	Hirschberg.	
1796. Cannabaeus, Joh. Frdr., Pastor.	77	Bienowitz, Kr. Liegnitz.	
— Chlapowska, Urs., Gfin., geb. Moscrynsky.	17	Frankenstein.	
— Czettritz-Neuhaus, G. Osw., Frhr. v., General der Cavallerie. .	28	Herrnstadt.	
— Lüttwitz, Ch. Hel. Henr. v., geb. v. Oberg.	29	Malkwitz. Kr. Breslau.	
— Menzel, Joh. Chr. v., Hptm.	18	Reichenbach.	
— Paritius, Jungfrau Joh. Beata. Ertrunken.	29	Schalkau, Kr. Breslau.	
— Schimonsky, Andr. u. Charl., Kinder.	18	Frankenstein.	
— Schweinitz, S. Jul. v., geb. Bar. v. Liedlau, Geh. Räthin.	30	Conradsdorf, Kr. Hainau.	
— Steinberg, M. C. Sigm., Pastor.	29	Goldberg.	
— " Ernest. Wilh., gb. Bar. v. Braun, gest. 1791.	29	dito.	
— Thilo, G. Chr., Prediger.	20	Striegau.	
— Tonige, Pastor.	29	Wünschendorf, Kr. Löwenberg.	
— Wolf, H. Christof, auf Ober-Steinsdorf.	30	Steinsdorf, Kr. Hainau.	
— Worbs, Joh. Christof, Pastor.	22	Löwenberg.	
— " Derselbe.	24	dito.	
1797. Burger, Gottfr., Erzpriester.	18	Lähn.	Knoblich, Chronik v. Lähn.
— Decoelus, Dav. Benj., Pastor, und	30	Naselwitz, Kr. Nimptsch.	
— " Chr. Eleon., geb. Heyn, gest. 1816.	30	dito. dito.	
— Glaubitz, Fr. Aug. Wilh., Frhr. v.	27	Rinnersdorf, Kr. Lähn.	
— Hahn, G. G. Heinr., Pastor.	28	Herrnlauersitz, Kr. Guhrau.	
— Niebelschütz, E. Gottfr. v., auf Gleinitz.	95	Jacobskirch, Kr. Glogau.	
— " C. G. v., auf Gleinitz u. Sternberg.	26	dito.	
— Schliez, gen. v. Goertz, Gen. d. Cavall., u. Frau	17	Ohlau.	
— " geb. Gfin. Knuth, gest. 1812.	17	dito.	
— Sickel, J. Chr., Stadt-Chirurg.	17	Reichenbach.	
— Wechmar, S. Eleon. v., geb. v. Wimleben.	80	Zedlitz, Kr. Steinau.	
1798. Arnold, Frhr. Ernst v., Landrath a. D.	25	Glogau.	
— Fehrentheil, A. Charl. v., geb. v. Briese, a. d. H. Wengel.	28	Herrnstadt.	
— Heyligenstedt, B. S. Marj. v., geb. Bar. v. Stosch.	28	Gr. Tschirnau, Kr. Guhrau.	
— Latofsky, Fräulein Barbara v.	27	Raudten, Kr. Steinau.	
— Seidl, Charlotte v.	30	Conradsdorf, Kr. Hainau.	
1799. Friedrich, Jacob, Kaplan.	18	Reichenbach.	
— Le Bauld de Nans, C. R. Theod., Kind.	18	Wärtau, Kr. Schweidnitz.	
— Unverricht, Joh. Heinr. v., auf Eisdorf.	29	Hühlicht, Kr. Striegau.	
— Windeck, Benj. Israel, Diakonus (s. 17··).	29	Goldberg.	
1800. Bock, C. F. v.	29	Pilgramsdorf, Kr. Hainau.	
— Hengel, L. G. Ed. Ernst v., Kind.	29	Gnadenfeld.	
— Heyn, J. Chrys., Kirschner-Aeltester.	26	Löwenberg.	
— Lyncker, C. Jos., Bar. v., geb. v. Koschützky.	29	Oppeln.	
— Postel, C. Benj., Ob.-Kons.-Rath, past. prim.	26	Glogau.	
— Prittwitz-Gaffron, v., J. Chr., geb. Lindenau.	25	dito.	
— Rabe, Joh. Jerem., Gem.-Aeltester.	26	Löwenberg.	
— Rothkirch, Jul. Elis. v., geb. v. Latofsky.	27	dito.	

	Band.	Fund-Ort.	Quellen.
1800. R u e f f, Joh. Chr., Kürschner-Aeltester.	24	Glogau.	
— S e i d e l, Augustin, Bürgermeister.	30	Zobten.	
— S e i d l, Georg v., auf Bandmannsdorf.	30	Conradsdorf, Kr. Hainau.	
— S o m m e r, Gottl., Kreis-Steuer-Einnehmer.	24	Bolkenhain.	
— U l k e, E. W., Lehrer.	30	Schweinig, Kr. Nimptsch.	
— W o l f f r a d t, Mart. Bernh. v., Obrist.	30	Cosel.	

Grabsteine ohne Namen und Jahreszahlen.

	Fol.	Band.	Fund-Ort.
Beuthen OS.	337	18	Pfarr K.
Gross Mohnau, Denkmal aus Sandstein.	338	18	Kr. Schweidnitz.
H. v. C.	317	19	Bernstadt.
H. v. S.	318	19	dito.
······ (Zedlitz).	305	26	Leipe, Kr. Jauer.
Familien-Monument.	350	27	Langhelwigsdorf, Kr. Bolkenhain.
Grosses Monument.	351	27	Girlachsdorf dito.
G. v. N. A. M. G. R.	327	28	Rietschütz, Kr. Glogau.
······ mit 4 Wappen.	329	28	Schabessen, Kr. Guhrau.
······	329	28	Guhrau.
d. v. B. d. v. R.	333	29	Zobten, Kr. Löwenberg.
d. v. M. d. v. R.	334	29	dito. dito.

Nachtrag.

A. Wappen.

B. Inschriften und Historisches.

Druck von Robert Fischkowsky in Breslau.